Universität
41f
41g
1c
19
17b
12
21a
Rotenbühl
4
32c
41d
ST. JOHANN
40c
8c
1b
38a
Johanner str.
Hafen-
str.
Reichsstr.
Karl-Marx-Str.
Kaiser-
Bahnhof-
str.
Viktoria-
41a
3b
Saarufer-
Gutenberg-
zollern-
str.
11c
23c
Eisen-
bahn-
Betzen
Kepler-
Am Ludwigsplatz
Wilhelm-Heinrich-Str.
23a
Vor-
stadt-
str.
5
37
Ursulinenstr.
Mozart
Beethoven-
Richard-
Wagner-
Sulzbach-
str.
Blumen-
9a
8c
9c
25
9b
8b
16a
16b
8a
23b
23d
Rotenberg
Schmoller-
Martin-
Luther
Hesse
Egon-Reinert-str.
Nassauerstr.
3c
Großherzog-
Friedrich-
Neikessstr.
Bruch-
wiesenstr.
Seilerstr.
Nauwieser
39
Gerber-
35c
35a
35b
35d
24b
Am Stadtgraben
26
Schillerplatz
Bleichstr.
Mainzer
Bismarckstr.
38b
38d
Str.
Neugäßchen
Sachse
29d
18a
24a
9e
40a
11
SCHAFBRÜCKE
BISCHMISHEIM
17a
BREBACH-
FECHINGEN

Florian Brunner | Markus Philipp

Saarbrücker Spurensuche 2

FLORIAN BRUNNER | MARKUS PHILIPP

SAARBRÜCKER Spurensuche

Band 2: Neue Reisen zu *sichtbaren Geheimnissen* der Stadt

Geistkirch

ISBN 978-3-946036-72-2

www.geistkirch.de

1. Auflage 2017

Texte: Florian Brunner *(fb)*, Markus Philipp *(mp)*
Verlag: Geistkirch Verlag, Saarbrücken
Titelgestaltung: Ron Christmann, Heusweiler
Satz und Layout: Harald Hoos, Landau
Printed in EU

Inhaltsverzeichnis

Die Suche geht weiter *Vorwort von Florian Brunner und Markus Philipp* 7

1 Das Postamt an der Ecke 13
2 127 Jahre Nahverkehr 15
3 Selbst entwerten bringt schneller voran 17
4 „Prosit“ und „Glück auf“ dicht beieinander 19
5 Glück auf(gehübscht) 21
6 Ein kurzes Leben für einen kleinen Schacht 23
7 Die Reise der Schlacke durch ein finsteres Tal 25
8 Noch mehr Fassadengeheimnisse 29
9 Fassadenlyrik 33
10 Ruf doch mal an 37
11 Ein letztes freies „T“ 39
12 Saarbrücken Hauptbahnhof ... so gut wie weg! 41
13 Spuren eines alten Krieges 43
14 Eine Bergbrauerei in Saarbrücken 47
15 Das Verbandshäuschen 51
16 Der gestorbene Friedhof 53
17 Das „Russendenkmal“ 55
18 Ein Séparée für den Ernstfall 59
19 Wenn's beim Studieren knallt 61
20 Gute und schlechte Aussichten 65
21 Die Topographie des Krieges 67
22 Dicke Steine 71
23 Zu Pferd und zu Fuß durch die „gute alte Zeit“ 75
24 Neues Licht aus alter Zeit 79
25 Die Wächter des verlorenen Parks 83
26 Eine geheimnisvolle Tür 85
27 Der Turm an der Moltkestraße 87
28 Adieu Saarbrücker Gulliver-Welt! 89
29 Verblasste Sommerfrische 97
30 Hubert Müller – Denkmal für einen bekannten Unbekannten 101
31 Kindsköpfe 103
32 Feines Gebäck, Wurst und Kolonialwaren 107
33 Die stille Gefahr aus der Tiefe 109
34 Raue Sitten 111
35 Straßenpflaster St. Johanner Markt 113
36 Der Wallerbrunnen 117
37 Der Saarbrücker Ameisenbär 119
38 Ein Hurra auf ... wen oder was auch immer 121
39 Das Clara-Maria-Haus 123
40 Das gute Werk eines wichtigen Bergmanns 125
41 Kaufen und konsumieren – einst und jetzt 129

Dank den Tippgebern/Danksagungen 132
Zu den Autoren 133
Bildquellen 134

Die Suche geht weiter

Vorwort von Florian Brunner und Markus Philipp

Diese Spurensuche ist eine Suche nach besonderen Objekten im öffentlichen Raum unserer Stadt Saarbrücken. Sie sind Zeugnisse und Reste von Dingen, Personen oder Phänomenen, die nicht mehr vorhanden, aktiv oder in Gebrauch sind. Es können aber auch einfach Merkwürdigkeiten sein, deren Bedeutung oder Hintergrundgeschichte sich nicht auf den ersten Blick erschließt. In jedem Fall überraschen die Begegnungen mit unseren Spuren, unseren Objekten – auf den ersten Blick oder durch genaueres Hinsehen.

Im kriminalistischen Sinne bedeutet eine Spurensuche, dass man in der Regel weiß, wonach man sucht. Aber im Fall unserer Saarbrücker Spurensuche drängen sich die Spuren geradezu auf, ohne dass überhaupt etwas gesucht wurde. Sie machen neugierig oder geben Rätsel auf. Und genau diese Faszination spornt uns an: Zu schauen, ob es noch mehr Interessantes aus der Vergangenheit oder kuriose Details im Stadtbild zu entdecken gibt.

Während der Arbeit für den ersten Band der „Saarbrücker Spurensuche" fanden wir beide Autoren zueinander. Florian Brunner fand in Markus Philipp einen Mitstreiter, der diese Begeisterung teilt. Jeder hat seinen ganz persönlichen Blick und unterschiedliche Interessen: Brunner stets mit dem Blick für das Außergewöhnliche und seinem Faible für den Saarbrücker Untergrund und Philipp, dem Geographen und Stadtführer (Geographie ohne Grenzen e.V.), mit seinen persönlichen Themen Öffentlicher Nahverkehr oder Brauereigeschichte.

Nach dem Erscheinen unseres Buches im Herbst 2015 waren wir überwältigt von den begeisterten Rückmeldungen und der Fülle von Hinweisen, die uns angetragen wurden. Es war schnell klar, dass es nicht bei diesem einen Buch bleiben konnte. Der Aufgabe haben wir uns gerne gestellt, auch wenn es zusehends schwerer wurde, eine logische und sachlich korrekte Schlussfolgerung aus einer aufgeworfenen Frage oder einer aufgenommenen Spur zu ziehen.

Konnten wir die Erklärungen der Objekte des ersten Bandes weitestgehend aus dem eigenen Wissen und aus der eigenen Bibliothek liefern, zeigten sich die Schwierigkeiten für weitere Recherchen vielfältig. Wichtige Zeitzeugen sind inzwischen verstorben, Anfragen an verschiedene Stellen blieben auch auf Nachfrage unbeantwortet. Erschwerend kommt hinzu, dass sogar ganze Firmenarchive vernichtet worden sind, aus denen wir uns noch wertvolle Informationen erhofften. Interesse und Wertschätzung für Denkmalpflege und

▲ *Es war einmal… die historische Regenrinne in der Neugeländstraße wurde entfernt.*

eine Aufgeschlossenheit für landeskundliches Belange mussten wir in diesem Zusammenhang oft vermissen. Es gibt aber auch offizielle Stellen und Privatleute, die gerne Auskunft geben und Einblick in ihre Sammlungen und Archive erlauben. Dafür sind wir sehr dankbar. Doch ist es für jeden, der sich im weitesten Sinne auf landeskundliche Recherchen begibt, immer wieder ernüchternd, wie wenig wirklich dokumentiert ist. Selbst bei jüngsten Veränderungen im Stadtbild lässt sich nicht immer der Verursacher in Erfahrung bringen. Zum Glück kommen bei Klärung von Sachverhalten manchmal per Zufall andere Dinge zutage, die einer Erwähnung wert sind.

Manche Fragestellung konnte daher nicht vollständig beantwortet werden. Daher erlauben wir uns wieder, Vermutungen zu äußern und offene Fragen an die Leserschaft weiter zu geben. Nicht zuletzt deswegen freuen wir uns auch weiterhin auf Rückmeldungen und Hinweise.

Wir dürfen nicht verschweigen, dass Spuren auch verwischt werden. So traurig es auch klingt: Eine ganze Reihe der Spuren des ersten Bandes sind ernsthaft bedroht oder für immer aus dem Stadtbild verschwunden. Es macht uns durchaus Sorgen, dass wir womöglich durch die öffentliche Erwähnung eines der spannenden Details zu dessen Verschwinden beitragen. Hoffentlich sind das nur unglückliche Zufälle.

Zu den Verlusten zählen die alten Abschlusssteine des Langwiedstiftes, die im Zuge von Umbaumaßnahmen entfernt wurden (Band 1, Nr. 68). Auch eine der letzten historischen Regenrinnen wurde entfernt. Das Prachtexemplar an der Neugeländstraße trug noch den Schriftzug des Herstellers (Band 1, Nr. 44). Ein Drama! Dafür konnten wir in der Rosenstraße eine Regenrinne mit der Inschrift der Halberger Hütte/Heinrich Böcking entdecken.

Es gibt aber auch Positives zu berichten. Auf und um den Halberg herum wurde inzwischen der ausgeschilderte Rundweg, die „Halberg-History-Tour", instandgesetzt. Die können wir wärmstens empfehlen. In deren Verlauf wurden ein paar Spuren, die wir in unserem ersten Band erwähnten, aufgenommen und sogar renoviert. So ist das Wandrelief für den „guten Mottel" nun Teil dieses Rundweges (Band 1, Nr. 39). Die künstliche Ruine an der Franz-Mai-Straße wurde vom Gestrüpp befreit und gibt den Blick auf die Steine frei (Band 1, Nr. 40).

Auch erhielten wir ein historisches Foto, dass die Anlieferung des „Saar-Diamanten" im Hof der Firma Kohlen-Weill GmbH zeigt. Wir berichteten in Band 1 (Nr. 35) von dem einzigartigen Denkmal, das bis heute „Auf der Werth" überlebt hat. Das einst „größte Kohlestück der Welt" wurde anlässlich eines Festumzuges auf einer Kutsche von der Grube Velsen nach Saarbrücken transportiert.

Die Rückmeldungen unserer Leser belegen, dass es noch vieles zu entdecken gibt. Es zeigte sich aber auch, dass wir bei mancher Klärung eines Sachverhaltes haarscharf danebengelegen haben. Auch hätte es an der nötigen Wissenschaftlichkeit gefehlt, mussten wir uns anhören. Wir bitten höflich um Nachsicht – diesem Anspruch wollen und können wir auch in diesem Band nicht Genüge tun, auch wenn wir uns um sachliche Korrektheit bemühen.

Erzählen möchten wir Ihnen daher an dieser Stelle kurz die Geschichte um die geheimnisvollen Furchen an der Stiftskirche in St. Arnual (Band 1, Nr. 33). Bis heute ist nicht zweifelsfrei geklärt, welchen Ursprung diese zahlreichen Rillen haben, die vielfach an alten Kirchen zu finden sind. Es gibt verschiedene Vermutungen: Versprach man sich vom herausgekratzten Sand heilende Wirkung? Verleiht der Sand einer geweihten Kirche einer mit ihm getrockneten Unterschrift besondere Rechtskraft? Wurden an der Sandsteinwand

▲ *Der geschichtsträchtige „Saar-Diamant" steht in der Straße Auf der Werth.*

▲ *Im Hof der Firma Kohlen Weill wurde der geschmückte „Saar-Diamant" angeliefert.*

▲ *Ein Löffelchen Sand für die Puppe…*

▲ *Das ist vermutlich die richtige Stelle. Hatte hier „der Leibhaftige" seine Finger im Spiel?*

symbolisch Säbel entschärft, oder hat gar der Leibhaftige seine Finger (oder Krallen) im Spiel? Egal wie wir uns drehen und wenden, der Anruf einer durchaus amüsierten Dame brachte endgültig Klärung: Die Wetzrillen, die wir abgebildet haben, haben einen ganz irdischen Ursprung. Sie höchstpersönlich hat als junges Mädchen mit einem kleinen Löffel Sand aus der Mauer gekratzt. Den habe sie mit etwas Spucke zu einem Brei verrührt und den hungrigen Kinderpuppen verabreicht. Hmmm, lecker, lecker! Wir haben daraufhin nochmal nachgeschaut. Und tatsächlich deutet die Form der Wetzrillen auf eine Löffelspur hin. Nur wenige Meter links daneben sind auf Augenhöhe wesentlich schmalere Spuren zu finden. Das müssten also nun wirklich die „Teufelskrallen" sein.

Wir hoffen sehr, dass wir auch mit diesem zweiten Band Spuren hinterlassen werden und zur Wertschätzung unserer Umgebung und ihrer Besonderheiten beitragen können. Die Autoren würden sich wünschen, dass das eine oder andere Objekt mehr wertgeschätzt und geschützt werden könnte, z. B. die uralten Glühbirnen (Band 1, Nr. 75) oder die Straßenbahnhaltestelle am Hauptfriedhof als eines der sehr wenigen verkehrshistorischen Denkmäler unserer Region (Band 1, Nr. 54). In diesem Sinne unseren Lesern viel Spaß und Glück auf!

▲ *In der Saargemünder Straße/Ecke Blücherstaße erinnert nur noch der Name der auch nicht mehr existierenden Gaststätte an das noch ältere Postamt. Lediglich der Briefkasten versucht noch einen Bezug zur Vergangenheit herzustellen.*

1 Das Postamt an der Ecke

Die Aktivitäten rund um Postdienstleistungen konzentrierten sich früher in den Postämtern. An vielen Stellen der Stadt gab es diese Einrichtungen, in denen Staatsbeamte ihren Dienst mit Stempel, Waage und Uniform versahen. Nur wenige, wie die Hauptpost an der Dudweilerstraße, haben bis zum heutigen Tag überlebt. Whats-App und E-Mails haben die Deutsche Post AG (1995 aus der Deutschen Bundespost hervorgegangen) zu den oft kritisierten unternehmerischen Entscheidungen gezwungen, Ämter bzw. Filialen zu schließen und die Aktivitäten zu zentralisieren – ein Eiertanz zwischen Kundenfreundlichkeit, Daseinsvorsorge und Wirtschaftlichkeit, der nicht immer gelang. Abhilfe schafften da die Postagenturen, eigentlich Einzelhändler (v. a. Zeitungs- und Tabakläden), die einen Postschalter betreiben.

Die Zeit, als die Post noch Bundespost hieß und besagte Ämter betrieb, hinterlässt im Stadtbild noch wenige Spuren, die wir hier beispielhaft aufgespürt haben. Für die Saarbrücker Kernstadt vor der Gebietsreform weist das Adressbuch 1963 noch 14 eigene Postämter aus, in fast allen Stadtteilen. *(mp)*

▲ *Die Studierenden mailen oder skypen, einen Brief zu schreiben ist wohl hier eher selten. Daher gibt es das Postamt an der Universität schon einige Jahre nicht mehr. Jedoch vor dem Eingang zum ehemaligen Postamt blieb ein Halteverbotsschild, das mit einem Begriff aufwartet, den viele Studierende schon nicht mehr zu Lebzeiten gekannt haben dürften: Die Bundespost!*

◄ *An der Ecke Mainzer Straße/Heinestraße war ein Postamt, das 1955 mit Kunst am Bau verziert wurde: Der Künstler Rudolf Kaster gestaltete die Brieftauben mit dem geschwungenen Morseband aus Metall.*

2a

2 127 Jahre Nahverkehr

Die Gesellschaft für Straßenbahnen im Saartal AG bzw. deren Betriebsnachfolgerin Saarbahn GmbH feiert im Jahr 2017 ihr 125jähriges Bestehen. Bereits zwei Jahre vor deren Gründung 1892 wurde am 4. November 1890 in Saarbrücken der öffentliche Personennahverkehr (ÖPNV) „geboren", indem eine Dampfstraßenbahnlinie zwischen St. Johann (Mainzer Straße) und Luisenthal in Betrieb genommen wurde. 1899 folgte dann die Elektrifizierung und damit die Eröffnung des Betriebshofes in der Hohenzollernstraße. Dieser ist bis heute die Heimat der zurzeit 128 Stadtbusse und der Busse einiger Subunternehmer. Spuren des alten Straßenbahndepots sind nicht mehr zu sehen, denn mehrere Neubauphasen der Nachkriegszeit ließen nichts davon übrig. Das letzte, über 100 Jahre alte Gebäude im Depot wurde 2015 abgerissen. Erinnert wirklich gar nichts mehr an die Zeit der Straßenbahn an diesem Standort? Der Spurensucher wird dennoch fündig! Direkt an der östlichen Grenze des Geländes zur Malstatter Straße hin steht noch ein alter Gittermast – in ähnlicher Bauart, wie die im ersten Band der Spurensuche (Nr. 56) vorgestellten Masten der Oberleitungsbuslinie 21. Dieser einsame Mast trug früher die Oberleitung der Straßenbahn, die bis 1965 hier ein- und ausfuhr. Möge er die Zeiten weiter überdauern …

Ein weiterer, stark gealterter Mast steht in der Hauptstraße von Gersweiler zwischen Willerbach und der Ortsmitte linkerhand am Hang. Das Besondere an diesem Mast ist, dass er bereits seit April 1948 nicht mehr gebraucht wird. Die Straßenbahnstrecke nach Gersweiler war die erste nach dem Zweiten Weltkrieg, die stillgelegt wurde. Nachdem die Brücke zwischen Burbach und Gersweiler zerstört war, verblieb nur ein Triebwagen mit der Nummer 87 auf der Gersweiler Seite. Mit diesem Wagen wurde die notdürftig hergerichtete Strecke noch ein knappes Jahr lang als Linie 4 im Pendelverkehr zwischen Willerbach und Markt betrieben, bevor sie dann endgültig auf Omnibusbetrieb umgestellt wurde. Alle anderen damals existierenden Straßenbahnstrecken wurden rasch hergerichtet und erst ab Anfang der 1950er Jahre sukzessive stillgelegt bzw. umgestellt. Insofern ist der Zeitzeuge in Gersweiler eine ganz besondere Spur. *(mp)*

◀ *Betriebshof / Malstatter Straße*

▲ *Gersweiler Hauptstraße*

▲ *In der Heinrich-Köhl-Straße auf dem Rodenhof ist noch dieses Fundament eines alten Fahrscheinautomaten zu sehen. Bis November 1988 hielten an dieser Stelle die Linie 5 und kurzzeitig noch die 27, bevor die Linienführung auf dem Rodenhof geändert wurde.*

3 Selbst entwerten bringt schneller voran

Die Entwicklung des öffentlichen Nahverkehrs war in der zweiten Hälfte des 20. Jahrhunderts von einer rasanten technischen Entwicklung geprägt. Gleichzeitig hatten Busse und Bahnen aber auch mit massiven Fahrgastrückgängen zu kämpfen – vor allem weil das Automobil vielen eine individuelle Mobilität versprach. Bald verstopften zu viele Autos die Straßen und deren Abgase die Nasen der Menschen. Es musste umgesteuert werden. Dabei kam dem öffentlichen Nahverkehr eine wachsende Bedeutung zu. Es wurde aktives Marketing betrieben, um mehr Menschen zum Umsteigen zu bewegen. Neue Fahrscheine und nutzerfreundliche Tarife gehörten dazu.

1982 ging die 1892 gegründete Gesellschaft für Straßenbahnen im Saartal AG (seit 1982 auch „Saartal-Linien" genannt, Vorgängerbetrieb der Saarbahn GmbH) dazu über, Fahrscheine im Selbstentwerterverfahren anzubieten. Alle Bustüren wurden zum Einstieg freigegeben und im Voraus erworbene Einzel- oder Mehrfahrtenkarten mussten in einen Entwerter gesteckt werden, um Gültigkeit zu erlangen. Diese Fahrscheine konnte man an einer wachsenden Anzahl Fahrscheinautomaten kaufen, die an vielen Bushaltestellen standen. Mit Einführung des saarländischen Verkehrsverbundes (saarVV) 2005 wurde das Selbstentwerten wieder abgeschafft und neue Fahrscheindrucker für das Fahrpersonal eingeführt. Die Fahrscheinautomaten stehen seitdem nur noch an Stadtbahnhaltestellen. Von den damaligen Automaten an Bushaltestellen zeugen nur noch Fundamente. *(mp)*

3b

▲ *In der Viktoriastraße (Haltestelle Bahnhofstraße) erinnert noch ein Sockel an den Fahrscheinautomaten.*

3c

▲ *Vor Einführung der Stadtbahn fuhren zahlreiche Buslinien über die Großherzog-Friedrich-Straße / Haltestelle „Stadtsparkasse". Nur das Fundament des Automaten erinnert noch daran.*

▲ *Der Anbau des Knipper'schen Brauereigebäudes mit den vier Zeichen der technischen Lehre.*

4

„Prosit" und „Glück auf" dicht beieinander

Die Geschichte der heutigen Hochschule für Technik und Wirtschaft (HTW) ist ein Kapitel Stadtgeschichte, über das noch recht wenig publiziert wurde. Jedoch an einem Gebäude in Saarbrücken sieht man Spuren dieser Geschichte. Sie sollen Anlass dazu geben, in diesem bescheidenen Rahmen etwas beizutragen.

Das Gebäude steht an der Auffahrt zum Wohngebiet Am Homburg und ist an sich schon eine Spur – wurde doch hier um die vorletzte Jahrhundertwende die hohe Braukunst ausgeübt, die nicht nur für so manchen Bergarbeiter einen wichtigen Lebensinhalt dargestellt hat. Hier war die Brauerei des Christian Knipper, Knipperbräu genannt, von 1895 bis 1913 ansässig. Zwar gab es Platz zum Produzieren und kühlen Lagern des Bieres in den gegenüber liegenden Felsenkellern. Jedoch gelang die Etablierung am Standort nicht nachhaltig, da man zwischen anderen Brauereien wie Klein, Bruch, Union und Neufang regelrecht eingekeilt war.

Das Nebengebäude der alten Brauerei trägt auf der Fassade die Zeichen technischer Berufe: Das Flügelrad für das Eisenbahnwesen, Zirkel und Geodreieck für die Vermessungstechnik, Hammer und Eisen für den Bergbau sowie das Zahnrad für den Maschinenbau. Diese vier Zeichen sind ein Zeugnis der Zeit, als hier die Höhere Technische Lehranstalt untergebracht war, ein Vorgänger der heutigen HTW. Genau genommen hat die HTW mehrere Vorgänger. Die Urform führt uns – wie kann es im Saarland anders sein – zum Bergbau: Zur „École pratique impériale des Mines de la Sarre", die 1807 in Geislautern ihre Tätigkeit aufnahm. Deren bescheidene Aktivitäten mündeten 1816 in die Saarbrücker Bergschule, die ab 1822 einen geregelten Lehrbetrieb vorweisen konnte. 1906 zog die Institution um: in das heute noch existierende Gebäude in der Trierer Straße gegenüber dem, was von der Bergwerksdirektion noch übriggeblieben ist. Zusätzlich gab es andere Institutionen der technischen Lehre in der Stadt. Jedenfalls wurde 1935 vom Reichserziehungsministerium die Höhere Technische Lehranstalt gegründet, deren Umfang weit über die bergbauliche Lehre hinausging. Wahrscheinlich kurz nach dem Zweiten Weltkrieg – leider konnte es nicht eindeutig recherchiert werden – wurde die alte Brauerei zum Sitz der technischen Lehre. 1956 wurde daraus die staatliche Ingenieurschule, 1971 wiederum die Fachhochschule des Saarlandes. Erst 1991 entstand die heutige HTW daraus.

Vielleicht geben die Spur am Homburg und diese Zeilen Anlass, dass jemand etwas genauer die interessante Geschichte der HTW und all ihrer Vorgänger aufbereitet? *(mp)*

▲ *Das Knipper'sche Brauereigebäude in der Straße Am Homburg.*

▲ *Das Flügelrad steht für das Eisenbahn- und Verkehrswesen.*

5 Glück auf(gehübscht)

Der Bergbau an der Saar hat massiv Spuren hinterlassen, nicht nur in der Landschaft durch Halden, Gebäude und Fördergerüste, sondern auch in den Herzen der Menschen. Er war über Jahrhunderte ein Teil der saarländischen Kultur und Identität. Sein Ende im Jahre 2012 mag noch so vernünftig sein, doch hinterlässt es in vielen Seelen Schmerz.

Der Bindung vieler Saarländer an die Materie des Steinkohlenabbaus begegnet man auch an unerwarteten Stellen. Der Stadtteil Alt-Saarbrücken und der Trillerweg insbesondere zeichnen sich nicht gerade durch engen Bezug zum Bergbau aus. Wer den Weg hinauf spaziert, der entdeckt jedoch gleich am Beginn unweit der Vorstadtstraße in der Kurve rechterhand unter Hecken eine Kachel in einer Mauer, die ein Grubenmotiv darstellt. Was hat dieses Motiv gerade dort zu suchen? Wie das im Saarland so ist, ma kennt enner wo enner annerer kennt, der ebbes weeß. Und so hat der Autor dieser Zeilen von einem guten Bekannten erfahren, dass der Besitzer des anliegenden Grundstücks bei einer Renovierung der Mauer vor ein paar Jahren diese Kachel einfach aus Gefallen an der Sache eingemauert hat – einfach so zum Aufhübschen.

Das Motiv stellt zwei Fördergerüste samt Grubengebäude dar. Die Fördergerüste sind zwei Vollwandgerüste, wie sie schwerpunktmäßig in den 1940er und 1950er Jahren des 20. Jahrhunderts erbaut wurden. Das bedeutet, dass die Stahlprofile nicht mehr in offener Gitterstruktur erbaut wurden, sondern mit Profilen aus geschlossenen Stahlblechen. Man kann also durch die Gerüstteile nicht mehr hindurch sehen, weshalb der Bau nicht mehr so filigran wie seine Vorgänger, sondern massiver wirkt. Zwillingspärchen wie auf dem Bild stehen nach wie vor in Luisenthal und Reden. Aber auch in Jägersfreude gab es bis zum Abriss 1990 zwei solcher Fördergerüste (über Schacht III und IV, erbaut 1942 und 1950), die das untere Sulzbachtal mit ihrer roten Farbe dominierten. Auf dem hier dargestellten Relief ist mit größter Wahrscheinlichkeit jedoch die Grube Luisenthal dargestellt. Die beiden Gerüste stammen aus den Jahren 1952 (Richardschacht II) und 1962 (Richardschacht I), wobei „Richard I" zunächst „Wilhelm II" hieß, in Neunkirchen stand und erst 1970 nach Luisenthal versetzt wurde. Seit 1994 wird keine Kohle mehr gefördert. Das Bergwerk blieb Teil des Verbundbergwerkes West, welches schließlich am 1. Januar 2006 stillgelegt wurde. *(mp)*

▲ *Im Vorgarten eines Hauses am Pasteurschacht ist lediglich ein kurzer Rohrstutzen übriggeblieben.*

6 Ein kurzes Leben für einen kleinen Schacht

Im inneren Stadtgebiet Saarbrückens sind die Spuren des Bergbaus eher indirekter Natur, z. B. das, was von der ehemaligen königlich-preußischen Bergwerksdirektion als heutiges Einkaufszentrum noch übriggeblieben ist, die Bergschule gegenüber oder das alte Obergamt am Staden. Der Bergbau selbst reichte entsprechend der geologischen Situation nur nördlich und westlich bis ins heutige Stadtgebiet hinein. Die schönsten Zeugen sind die Schachtgerüste Delbrück in Klarenthal und Alsbach im IT-Park in Burbach sowie die Halden im Saarkohlenwald wie der „kleine Fuji" im Steinbachtal (wo im Übrigen das Alsbacher Schachtgerüst von 1916 bis 1953 stand, bevor es nach Burbach kam!) oder die Halde Grülingstraße der Grube Jägersfreude nördlich des Rodenhofes.

Eine recht unbekannte Schachtanlage lag jedoch sehr dicht vor den Toren Saarbrückens: Der Pasteurschacht, nach dem französischen Chemiker Louis Pasteur benannt. Die Namensgebung ist Indiz für sein Entstehen, als Frankreich im Saargebiet unter Völkerbundsmandat das Sagen hatte: Angehauen 1922 und bereits 1932 wieder geschlossen, war er ein Wetterschacht der Grube Von der Heydt. 1961 wurden die Reste verfüllt und abgedeckt, das Wohngebiet entstand, dessen Straßenname noch an den Bergbau erinnert. Das zum Privathaus umgebaute Anwesen Pasteurschacht 1 war das ehemalige Pförtnerhaus der kleinen Bergwerksanlage. Am Rande eines anderen Grundstücks, so wird in den Katasterkarten deutlich, gehört immer noch ein kleiner Bereich der RAG: Dort ging einst der Schacht etwas mehr als 200 Meter in die Tiefe. Das übriggebliebene Rohr ragt im Vorgarten immer noch gut sichtbar aus dem Boden. *(mp)*

▲ *Das Luftbild von 1929 zeigt die Schachtanlage im Wald, heute ein beschauliches Wohngebiet am Waldrand.*

▲ *Lediglich der Straßenname Pasteurschacht erinnert an die alte Bergwerksanlage.*

7a

7 Die Reise der Schlacke durch ein finsteres Tal

Auch einem „eingeborenen“ Saarbrücker fällt es manchmal schwer zuzugeben, dass er ein ganzes Gebiet seiner geliebten Heimatstadt noch nicht so richtig kennt. Dazu zählte für den Autor dieser Zeilen die Flur „Teufelspforte“ zwischen Gersweiler und dem Deutschmühlental, die alleine schon wegen ihres Namens nicht gerade zu Spaziergängen einlädt. Das änderte sich mit dem Hinweis eines aufmerksamen Herrn, der auf die verwaiste Trasse einer „Schlackenbahn“ aufmerksam machte. Die Gleise verliefen zwischen dem Burbacher Hüttengelände und dem im nahen Frankreich gelegenen Schoeneck, wo die Hochofenschlacke auf einer Halde entsorgt wurde.

Die Schlackenzüge müssen damals allgegenwärtig gewesen sein, zumal sie im 80-Minuten-Takt entlang des Deutschmühlentals quietschend hin und her fuhren. Mit der Stilllegung der Burbacher Hochöfen (ab 1982) im Zuge der Umstrukturierung und Zusammenlegung der Hüttenwerke zur „Saarstahl AG“ hatte die Schlackenbahn ausgedient.

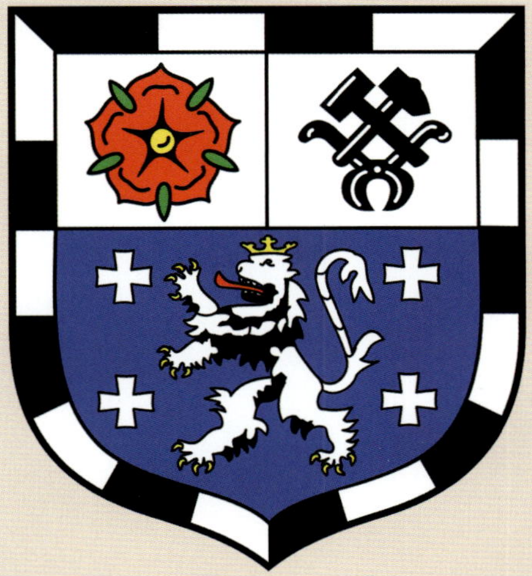

Das Signet der Burbacher Hütte findet sich auch im Wappen der Landeshauptstadt Saarbrücken wieder. Hier ist es richtig herum abgebildet. Das Wappen zeigt gekreuzt Hammer und Schlägel, darunter eine Zange. Mit dem Schlägel wurde gekappt, mit dem Hammer geschlagen.

Das Signet der Burbacher Hütte an einer der Untertunnelungen der Bahntrasse. Absicht oder Versehen? Das Signet steht auf dem Kopf.

Von der Achterbrücke ist die alte Bahntrasse von unten zu sehen. Damit keine Schlacke auf Autos und Schiffe fallen konnten, gab es eine Auffangmulde.

▲ *Ein unheimlicher Ort: ein Tunnel in der „Teufelspforte".*

Es gestaltet sich nicht so einfach, Spuren dieser Bahn zu finden. Viel zu gefährlich und nicht lohnend wäre es, die Bahntrasse direkt zu untersuchen, denn dort ist nichts zu sehen, nur eine Bahntrasse wie viele andere auch. Auf einem Gleis rollt der ICE/TGV nach Paris, ein Gleis führt nach Forbach und zwei weitere dienen dem Güterverkehr. Das fünfte Gleis war für die Schlackenbahn und ist schon längst entfernt worden. Stets darauf bedacht, sich selbst und die Leser nicht in Gefahr zu bringen, fanden die Autoren viel interessantere Stellen, die an die Zeit der Schlackenbahn erinnern.

Ein eindrucksvoller Blick lässt sich von der zweigeschossigen Eisenbahnbrücke („Achterbrücke") erhaschen, die mit einem Fußweg über die Saar und die Autobahn A 620 führt. Entlang der Fußgängerbrücke, die Burbach und das Messegelände miteinander verbindet, schaut man unter die alte Trasse der Schlackenbahn. Eindrucksvoll ist hier eine Metallmulde, die verhindern sollte, dass von den Zügen herabfallendes Material auf Autos und Saarschiffe herabstürzen konnte.

Zudem lohnt sich auf jeden Fall ein Spaziergang im Waldstück „Teufelspforte". Auf der von Saarbrücken abgewandten Seite der Bahntrasse führt parallel ein Waldweg nach Stiring-Wendel. Dort gibt es eine untertunnelte Abzweigung unter der Bahn hindurch. Die liegt direkt an der Straße. Eine zweite Untertunnelung findet sich im späteren Verlauf des Weges kurz vor der Halde. An beiden sieht man noch das alte Signet der Burbacher Hütte und die Jahreszahl 1931. Die Zahl ist richtig herum zu lesen, aber das Signet steht auf dem Kopf. Ob das damals überhaupt jemanden aufgefallen war? Absicht oder Versehen? Das lässt sich wohl kaum noch klären.

Insgesamt ist das ein spannender Ort, der im Schatten des Bahndamms vielleicht auch etwas unheimlich wirkt. Entlang an ein paar Industrieruinen und einem vernachlässigten Soldatengrab (siehe Seite 43) macht die Flur „Teufelspforte" hier ihrem Namen alle Ehre. *(fb)*

F[illegible]rplan für den Hochofenschlack[illegible]transport

		Hochofen	Untere Hütte		Kob	Drahtzug		Schutt		Kob	U. Hüt
		ab	an	ab	an/ab	an	ab	an	ab	an/ab	an
A - Schicht											
Fahrt	1	5.50	5.55	6.00	6.05	6.15	6.35	6.50	6.55	7.10	7.15
	2	7.10	7.15	7.20	7.25	7.35	7.55	8.10	8.15	8.30	8.35
	3	8.30	8.35	8.40	8.45	8.55	9.15	9.30	9.35	9.50	9.55
	4	9.50	9.55	10.00	10.05	10.15	10.35	10050	10.55	11.10	11.15
	5	11.10	11.15	11.20	11.25	11.35	11.55	12.10	12.15	12.30	12.35
	6	12.30	12.35	12.40	12.45	12.55	13.15	13.30	13.35	13.50	13.55
B - Schicht											
Fahrt	1	13.50	13.55	14.00	14.05	14.15	14.35	14.50	14.55	15.10	15.15
	2	15.10	15.15	15.20	15.25	15.35	15.55	16.10	16.15	16.30	16.35
	3	16.30	16.35	16.40	16.45	16.55	17.15	17.30	17.35	17.50	17.55
	4	17.50	17.55	18.00	18.05	18.15	18,35	18.50	18.55	19.10	19.15
	5	19.10	19.15	19.20	19.25	19.35	19.55	20.10	20.15	20.30	20.35
	6	20.30	20.35	20.40	20.45	20.55	21.15	21.30	21.35	21.50	21.55
C - Schicht											
Fahrt	1	21.50	21.55	22.00	22.05	22.15	22.35	22.50	22.55	23.10	23.15
	2	23.10	23.15	23.20	23.25	23.35	23.55	0.10	0.15	0.30	0.35
	3	0.30	0.35	0.40	0.45	0.55	1.15	1.30	1.35	1.50	1.55
	4	1.50	1.55	2.00	2.05	2.15	2.35	2.50	2.55	3.10	3.15
	5	3.10	3.15	3.20	3.25	3.35	3.55	4.10	4.15	4.30	4.35
	6	4.30	4.35	4.40	4.45	4.55	5.15	5.30	5.35	5.50	5.55

Eisenbahnbetrieb, den 24. 10. 1961
1961

▲ *„Schlacken-ÖPNV" – hier beschwert sich niemand, wenn die Bahn mal nicht nach Fahrplan fährt.*

▲ *Die Gravur auf einer Taschenuhr zeigt das Firmensignet der Burbacher Hütte richtig herum.*

8a

8 Noch mehr Fassadengeheimnisse

Irgendwie war es den Autoren dieses Buches bewusst, dass die Geheimnisse der Fassaden in Saarbrücken nicht alleine mit dem Kapitel 78 des ersten Bandes der Saarbrücker Spurensuche abgehandelt sind. Dort haben wir einen Bienenkorb (in der Uhlandstraße) und ein Schiff (in der Mainzer Straße) dargestellt. Es gibt aber noch mehr geheimnisvolle Fassadendekorationen, die es wert sind, erwähnt zu werden.

Diese teils sehr bildhaften und künstlerisch ausgestalteten Dekorationen fallen fast alle in die Zeit der Bürgerhäuser des Historismus und des Jugendstils von ca. 1890 bis zum Ersten Weltkrieg. Oft ist es schwierig, die Bedeutung dieser Darstellungen nach über einem Jahrhundert noch zu entziffern. Eindeutig erscheint ein Beispiel aus der Rotenbergstraße am Treppenaufgang zur Schumannstraße und St. Michael: Hier schauen den Betrachter zwei Reliefbüsten an. Es handelt sich um einen Bildhauer und einen Steinmetz mit ihren Werkzeugen in den Händen. In dem Haus wohnte Anfang des 20. Jahrhunderts ein gewisser Karl Schultheiß, seines Zeichens Bauunternehmer. Alte Postkarten und Adressbücher geben hierüber Auskunft und stellen somit klar den Bezug des Unternehmers zu seinen Arbeitern her.

Geheimnisvoll kommt ein Zeppelin an der Ecke Dudweiler-/Schumannstraße daher: Das Haus verrät uns sein Baujahr 1909/1910. Das war die Zeit, als die

Eine Postkartenansicht Anfang des 20. Jahrhunderts zeigt die originale Situation am Ende der Rotenbergstraße. Links neben der Treppe sind die Büsten zu erkennen.

Bildhauer und Steinmetz entspringen ihrem eigenen Werk am Ende der Rotenbergstraße.

▲ *Ein Zeppelin und ein Flugzeug geben gegenüber dem „Haus der Zukunft" Rätsel auf.*

Luftfahrt mit Zeppelinen groß herauskam. In Saarbrücken landete der Zeppelin „Schwaben“ 1911 auf dem Flugplatz auf den heutigen Daarler Wiesen. Zwei Jahre später folgte die „Viktoria Luise“. Vielleicht war der Erbauer des Hauses, ein gewisser Christian Schuth, einfach nur angetan von dieser technischen Revolution?

Ebenso geheimnisvoll sind Zeichen an einem Gebäude in der Lortzingstraße: Am Eingang zum Haus Nr. 10 sehen wir eine Hand mit Blitzen und Wasserwellen. Geht es hier um Energieversorgung, um so etwas wie Stadtwerke? Der benachbarte Eingang zum Haus Nr. 12 stellt das Zeichen des Bergbaus, Schlägel und Eisen, das sogenannte bergmännische Gezähe, dar. Darunter lesen wir die kunstvollen Buchstaben „GvS“. Der Kaufmann Gustav von Staszewski ließ das Haus vor 100 Jahren errichten. Er hatte hier ein „technisches Büro“, so ist herauszufinden. Somit lässt sich zumindest vage ein Bezug zum Motiv herstellen.

Mit Sicherheit gibt es noch mehr solcher Fassadengeheimnisse. Spielen Sie doch einfach mal „Hans guck in die Luft“ und entdecken Sie weitere spannende Spuren der Vergangenheit unserer Stadt und ihrer Bewohner … Aber passen Sie dabei auf, wo Sie hintreten! *(mp)*

▲ *Auch die Zeichnung des Architekten verrät nichts über die Medaillons an der Fassade.*

▲ *Geheimnisvolle Medaillons in der Lortzingstraße.*

▲ *Sulzbachstraße 25*

9 Fassadenlyrik

Fassaden erzählen Geschichte und Geschichten. Das ist den Autoren dieses Buches bereits beim ersten Band der Spurensuche ein Kapitel wert gewesen. Ein besonderes Detail, welches in diesem Zusammenhang seltener vorkommt, sind Sprüche oder Sätze, die in Stein gemeißelt oder aufgemalt Fassaden zieren und sie mit einer Botschaft verbinden.

Sehr gerne wurde dieses Stilmittel der Meinungsäußerung in der Zeit um die Jahrhundertwende 1900 angewendet. Also findet man derartige Sprüche insbesondere auf historischen oder Jugendstilfassaden. Der Hintergrund bleibt meist unklar, denn alleine aus recherchierbaren Fakten wie einer Liste der Bewohner unter Angabe von deren Berufen, Titeln oder Funktionen bzw. des jeweiligen Architekten kann man nicht auf deren Gesinnung oder Gefühle schließen. Also bleibt es in der Regel beim Mutmaßen oder Wundern, was den Verursacher der Fassadenlyrik bewegte, auf so nachhaltige Art und Weise Dinge kundzutun.

▲ *Dudweilerstraße 69*

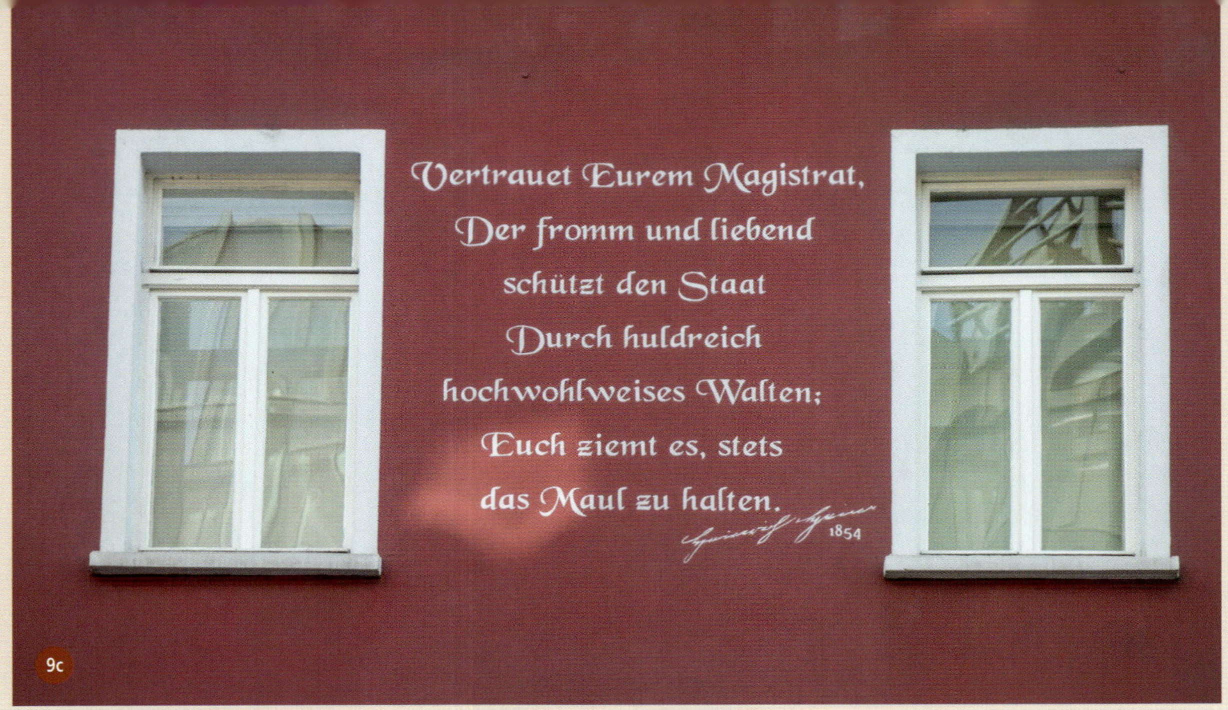

▲ *Dudweiler Straße 20*

▲ *Hubert-Müller-Straße 10*

Gleich zwei schöne Beispiele finden sich in der Dudweilerstraße, wo es am Haus Nummer 69 lautet: „Segen ist der Mühe Preis". Dieser Spruch von Friedrich Schiller wurde in der damaligen Zeit gerne verwendet und lobt den fleißigen Bürger und Arbeiter – vielleicht auch den, der dieses Haus erbaute? Ein weiteres Beispiel auf dem Bild links ist neueren Datums und mitten in der Innenstadt an der Fassade des Hauses Dudweilerstraße 20 zu lesen, sorgfältig aufgemalt. Der bisweilen kritische Heinrich Heine schuf diesen politischen Aphorismus zwei Jahre vor seinem Tod 1854. Ein Aufbegehren gegen die Politik – vielleicht auch eine Anspielung auf das nicht weit entfernte Rathaus?

Ein weiteres, pathetisches Beispiel finden wir in der Sulzbachstraße 25 (Bild siehe Seite 38): „STEHT FEST MEIN HAUS IM WELTGEBRAUS", das Gesims mit der Inschrift getragen von zwei Figuren. In der Tat – dieses Haus hat zwei Weltkriege und so manches mehr überstanden

In der unteren Hubert-Müller-Straße in Burbach, Hausnummer 10 (Foto unten), hält ein Spruch an einer Seitenwand dazu an, sich nicht zu laut über Missstände zu beklagen: „Bringt die Zeit/Auch oft Leid/Trag es still/Wie Gott will." Und in Bischmisheim, am oberen Geisberg, dürfte auf die Vergänglichkeit menschlichen Lebens und Wohnens in alten Häusern angespielt werden – frei nach dem Motto „Dieses Haus hat schon viele kommen und gehen gesehen". *(mp)*

▲ *Geisberg 28*

10a

10 Ruf doch mal an …

Man geht in ein kleines gelbes Häuschen, öffnet zunächst dessen schwere Tür und steht dann in der merkwürdigen Akustik eines muffig riechenden Raumes von rund einem Quadratmeter. Das Gerät vor einem hat schon bessere Tage gesehen. Der schwarze Hörer mit der dicken Muschel hängt an einer etwas steifen Schnur aus silbernen Metallgliedern. Und trotzdem freut man sich, von diesem Ort aus endlich die vertraute Stimme zu Hause zu hören …

In Zeiten von Mobiltelefonie und Smartphones ist das Telefonieren unter diesen Umständen kaum noch vorstellbar. Und gelb, wieso gelb? Ja, die heutige Telekom (magenta) war einmal die Deutsche Bundespost (gelb) – ein universeller Staatskonzern, der Briefe und Pakete beförderte, Buslinien betrieb und über den man telefonieren konnte. Mit Letzterem war 1995 Schluss, als die Deutsche Telekom übernahm.

Der Spurensucher stellt fest: Sehr wenige gelbe Zellen der Fernsprechkultur sind noch da. In Saarbrücken kann man zum Beispiel noch Exemplare des Typs „TelH78" entdecken:

◀ *Gelb und Gelb versteht sich gut: „TelH78" taucht gerne in Gesellschaft eines Briefkastens auf, hier in der Dudweilerstraße Höhe Mügelsbergschule.*

In der Hohenzollernstraße oder unweit des Ostbahnhofs – allerdings ziemlich ramponiert – oder recht zentral in der Dudweilerstraße/Ecke Brauerstraße, sogar noch 2017 in Funktion! Weitere Exemplare z. B. im Stadtteil Rußhütte sind erst kürzlich entfernt worden. Für politischen Wirbel sorgte sogar die Telefonzelle neueren Typs am Schlossplatz, die als Bücherzelle umfunktioniert wurde und von der Telekom abgebaut werden sollte. Eine Intervention des Regionalverbandes konnte sie retten – nun ist sie orangefarben und als Tauschbörse für Lesefreunde gedacht. Die wenigen funktionsfähigen Zellen, die es noch gibt, sind grau-magenta oder stehen als so genannte Telestationen oder Telefonsäulen ungeschützt im Freien.

Was bleibt ist die Erinnerung an die etwas beklemmende Akustik, gepaart mit flotten Sprüchen auf Aufklebern wie „Fasse Dich kurz" oder „Ruf doch mal an". *(mp)*

◀ *Hohenzollernstraße / Werderstraße*

FREIE
T
DIESEL
SUPER
SUPER PLUS
bleifrei
MEISTERBETRIEB
ROTHFUCHS
Heizung Sanitär Solar
STEPHAN
0681/940110 50

11 Ein letztes freies „T"

Um der wachsenden individuellen Mobilität nach dem Zweiten Weltkrieg genügend Treibstoff zu geben, war die Mineralölwirtschaft in der Wirtschaftswunderzeit einer starken Dynamik ausgesetzt. Im Wesentlichen waren es die großen Konzerne, die den Absatz an Kraftstoffen dominierten. Tankstellen wie Agip, Aral, Elf, Esso, BP, Shell oder Texaco dominierten den Markt und damit auch das Bild des öffentlichen Raumes.

Aber es bildete sich schon ab den 1950er Jahren eine Alternative heraus, die so genannten „Freien Tankstellen". Diese vertrieben und vertreiben heute noch ihre Kraft- und Schmierstoffe eigenverantwortlich. 1961 entstand ein Verein, der diesen Betreibern bessere Chancen am Markt einräumen sollte, der „Bundesverband Freier Tankstellen und unabhängiger deutscher Mineralölhändler e.V. (bft)". Ein gemeinsames Marketing gehörte hier dazu. Es entstand in diesem Rahmen ein schwarzes wappenartiges Symbol mit dem Schriftzug „FREIE T" darin. 1971 wurde dieses Wappen orange hinterlegt. Mitte der 1980er Jahre wurde das Logo wieder aufgepeppt und in den 1990ern kam ein neuer Markenname hinzu, der heute verwendet wird: Die bft-Tankstellen.

Die alten freien T's haben nur an wenigen Stellen überlebt. In Saarbrücken kommt eines ganz unerwartet und versteckt daher: Mitten im Ortszentrum von Bischmisheim an einer Ecke zwischen dörflichen Gebäuden, steht eine stillgelegte Tankstelle, deren Logo am Hauptmast noch aus der Zeit zwischen 1971 und den 1980ern stammt. Heute wäre eine Tankstelle an so einem Platz kaum mehr denkbar, aus Gründen der Sicherheit, des Lärmschutzes und anderem mehr. Ein Tante-Emma-Relikt aus der alten Zeit der individuellen Mobilität … *(mp)*

12 Saarbrücken Hauptbahnhof ... so gut wie weg!

Manche Dinge sind so spurlos verschwunden, dass eine Darstellung in einem Buch mit dem Titel „Spurensuche" eigentlich keinen Sinn ergibt. Der alte Saarbrücker Hauptbahnhof wurde im und vor allem nach dem Zweiten Weltkrieg so konsequent zerstört und durch neue Bauten und Strukturen ersetzt, dass dies hier eigentlich der Fall ist – eigentlich ...! Es gibt tatsächlich noch eine Spur, ein Relikt des alten Hauptbahnhofes. Und dieses Relikt ist gar nicht so leicht zu übersehen. Aber bekanntermaßen ist „Sehen" als physischer Vorgang nicht immer gleich „Erkennen" im Sinne einer bewussten Auseinandersetzung mit dem wahrgenommenen Objekt.

Insofern lohnt es sich, das vielleicht schon gesehene Objekt hier einzuordnen – ein kunstvoller Klotz auf dem Parkplatz vor dem Verwaltungsgebäude der DB AG als letztes sichtbares Bauteil des alten Hauptbahnhofes!

Das Frontgebäude des Hauptbahnhofes wurde 1893 erbaut und war ein architektonisch würdiger Abschluss der Reichsstraße zu den Bahnsteigen hin. Dominant waren die zwei das Gebäude flankierenden festungsartigen Türme im Stil der Neorenaissance. Unter dem Dachgesims befanden sich vier gleiche Reliefs, die ein Symbol der Eisenbahn darstellten: Das Flügelrad als Zeichen des Götterboten Hermes. Nach dem Abriss der Türme und weitere Reste des Bahnhofsgebäudes 1963 und Neubau des heutigen Empfangs- und Verwaltungsgebäudes im Stil der 1960er Jahre wurden zwei dieser Sandstein-Reliefs wie ein Denkmal auf dem Bahnhofsvorplatz zwischen Parkplätzen und Bussteigen platziert. Mit den erneuten Umbauarbeiten zum Eurobahnhof 1998 bis 2001 passten sie nicht mehr ins Konzept und wurden quasi zur Seite geschoben, auf den Parkplatz rechterhand des Bahnhofes, der sich den Blicken der meisten entzieht. Bei dieser „Schiebung" zerbrach dann auch noch mangels Sorgfalt das gute Stück in mehrere Teile, konnte aber wieder geflickt werden. Die Blessuren sind dem Objekt aber noch anzusehen: Es geht ein mit Beton ausgebesserter Riss mitten durch die schöne Plastik.

Spannend für den Spurensucher ist auch die Betrachtung des Geländes hinter dem Bahnhof, wo alte Strukturen im neuen Quartier Eurobahnhof noch hervor schauen. Der Wasserturm, alte Werkshallen und anderes sind noch komplett oder in Teilen erhalten und mischen sich auf spannende Art und Weise mit modernster Architektur. *(mp)*

Hier
ruhet
in
Gott
1 tapferer Krieger
gestorben den Heldentod
am
Aug
1870

13a

13 Spuren eines alten Krieges

Was heute in Partnerschaft und Freundschaft verbunden ist, konnte sich lange Zeit nicht ausstehen: Jahrhunderte war das Verhältnis der Nachbarstaaten Deutschland (bzw. dessen Vorgängerstaaten wie Preußen) und Frankreich gespannt. Immer wieder kam es zu kriegerischen Auseinandersetzungen, die im Zweiten Weltkrieg ihren Höhepunkt und Abschluss fanden.

Im 19. Jahrhundert war es in unserer Gegend seit den Feldzügen von Napoléon I. und dem Wiener Kongress 1814–15 überwiegend ruhig und friedlich. Der technische Fortschritt dominierte das Geschehen: Die Entwicklung des Bergbaus, das Wachsen des Eisenbahnnetzes und die allgemeine Industrialisierung brachten immer mehr Menschen in die Region rund um Saarbrücken. Die Saarstädte Saarbrücken, St. Johann und die Dörfer St.Arnual, Malstatt und Burbach wuchsen und prosperierten.

Eine Streitigkeit um eine spanische Thronfolge ließ just in dieser Zeit den schwelenden Konflikt zwischen Preußen und Frankreich zum Krieg werden. Der Deutsch-Französische Krieg begann im Sommer 1870 und dauerte nur wenige Monate. Es war der letzte „handgemachte" Krieg, den unsere Vorväter erlebten, denn die Kriege im 20. Jahrhundert mutierten zur industriellen Massenvernichtung. Eine der ersten für die deutschen Heere siegreichen Schlachten war die Schlacht an den Hängen der Spicherer Höhen bei Saarbrücken. Mann gegen Mann war noch eine gängige Methode und so kam es zu zahlreichen „Heldentoten" und einem verbreiteten Verehrerkult. Zahlreiche Ehrenfriedhöfe entstanden in dieser Zeit, wovon der im Ehrental im heutigen Deutsch-Französischen Garten der bekannteste ist.

Weniger beachtet aber nicht minder interessant ist eine Menge an verstreuten Einzelgräbern für einen oder mehrere Soldaten, die den südlichen Raum unserer Stadt durchziehen. Das Aufsuchen dieser teils versteckten Grabstätten ist für den Spurensucher ein dankbares Thema: Überbleibsel eines Krieges aus einer anderen Zeit – noch bevor zwei viel schlimmere und zerstörerischere Kriege über das Land fegten.

▶ *Am Ende des Deutschmühlentales, wenn die Straße zum Weg wird und Frankreich einen Steinwurf entfernt ist, befindet sich dieses vergessen wirkende Grab, dessen Kreuz schon vor längerer Zeit entwendet wurde.*

◀ *Gegenüber der Spicherer Höhen, auf dem Plateau des Winterberges befindet sich diese beschauliche Grabstätte.*

▲ *Im Deutschmühlental nahe der Abzweigung Folsterweg umrankt dieser Baum ein einsames Kriegergrab. Hier ruhen vier Mann des Infanterie-Regimentes Nr. 39.*

Im Kontext dieses Buches wäre es übertrieben, alle Standorte aufzulisten: Es sind über 30 Begräbnisstätten bekannt. Darunter sind auch bekanntere und größere Stätten der Erinnerungskultur wie das 40er Grab an der Notkirche, eine Stele direkt an der Lebacher Straße unweit des Rastpfuhls, eine Anlage im Wald bei Von der Heydt oder ein Ehrenfriedhof oberhalb des Campingplatzes am Fuße der Spicherer Höhen. Uns interessieren hier mehr die kleinen, unauffälligen Gräber in der Nähe des damaligen Schlachtfeldes, die teils schon von Zerfall und Vandalismus heimgesucht wurden. *(mp)*

▼ *Auch um den Winterberg herum findet man Gräber des Deutsch-Französischen Krieges, hier in der Robert-Koch-Straße.*

▲ *Offensichtlich, aber doch oft übersehen: Eine Grabstätte aus dem Krieg 1870/71 direkt an der Lebacher Straße unweit des Rastpfuhls.*

NEUE MOHR'SCHE ANLAGE
PARK
NEUE MOHR'SCHE ANLAGE
Gasthaus Restaurant
BIERGARTEN
14a

14 Eine Bergbrauerei in Saarbrücken

Das Brauwesen spielte in den Städten St. Johann und Saarbrücken vor Zeiten eine große Rolle, waren doch beispielsweise Mitte des 19. Jahrhunderts knapp 40 Brauereien gleichzeitig am Start. Viele dieser Betriebe würden wir heute allerdings als Mikrobrauereien bezeichnen, denn sie brauten handwerklich nur für den eigenen Bedarf, z. B. in einer dazugehörigen Gaststätte. Im Zuge der Industrialisierung mussten viele dieser Brauereien aufgeben. So verblieben Anfang des 20. Jahrhunderts nur noch rund 10 Betriebe in der jungen Großstadt, deren Zahl nach dem Ersten Weltkrieg rasch sank. Heute existiert nur noch die Brauerei Bruch, gleichzeitig mit ihren 315 Jahren die älteste überhaupt. Auch von der Neufang'schen Brauerei, die seit 2002 kein Bier mehr braut, sind noch genügend Spuren im Stadtbild erhalten, wie der erste Band der „Saarbrücker Spurensuche" (S. 16/17) beweist.

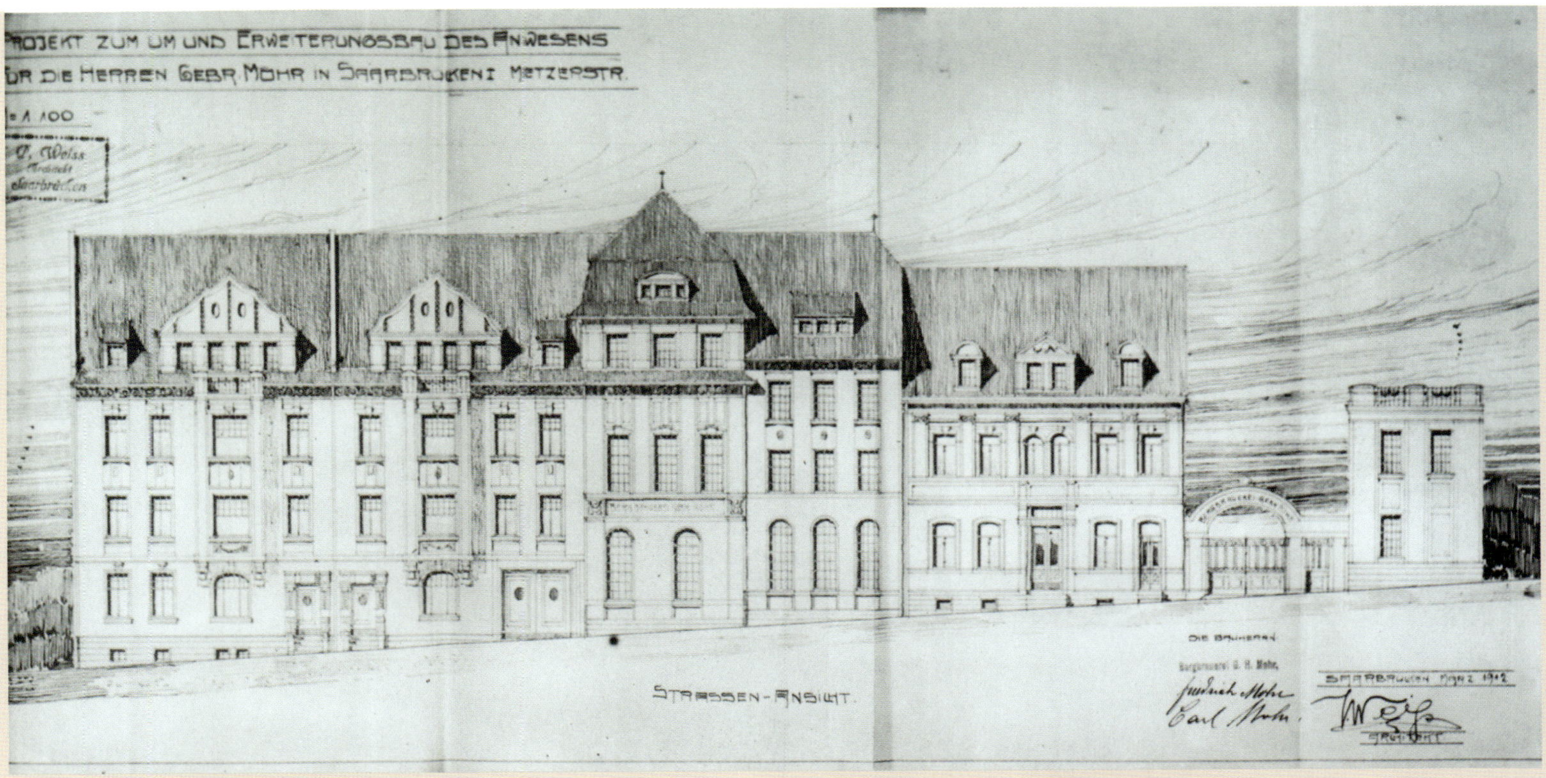

▲ *Die Ausmaße des alten Brauereigebäudes waren beachtlich.*

◀ *Die Gaststätte „Neue Mohr'sche Anlage".*

14b

Doch welches war die drittletzte Brauerei der Stadt und sind hier noch Spuren erhalten? Man muss in die Zeit vor dem Zweiten Weltkrieg zurückgehen, um auf die Brauerei Mohr zu treffen: 1822 gründete Johann Heinrich Mohr eine Brauerei in der Alt-Neugasse. Sein Sohn Georg Heinrich übernahm diese 1863 und verlegte sie aus der Enge der Saarbrücker Altstadt an die bereits 1872 eingerichteten Felsenkeller in der unteren Metzer Straße. Seine beiden Söhne Carl und Friedrich Mohr führten die Brauerei als „Bergbrauerei Gebr. Mohr" weitere erfolgreiche Jahre, nach deren Tod 1923 bzw. 1931 übernahm noch die Witwe Mohr bis zur Schließung 1936. Die Parkbräu AG aus Pirmasens richtete in der modernen umfangreichen Brauereianlage eine Vertretung ein. 1944 wurde die Anlage durch Bombenangriffe zerstört.

Fährt man die Metzer Straße nach oben, sieht man gleich hinter der Bushaltestelle „Am Versorgungshaus" die Buntsandsteinfelsen mit den Eingängen in die ehemaligen Brauereikeller. Wer genauer hinsieht, kann mit etwas Glück im Gestrüpp hinter einer Kfz-Werkstatt am Hang noch das runde Fundament des Brauereischornsteins erkennen. Eine weitere Spur liegt ein paar Kilometer entfernt an der Goldenen Bremm: Die „Neue Mohr'sche Anlage" wurde von der Brauerei gegründet, um den Ausflüglern hier die Gelegenheit zu bieten, ein Bier zu sich zu nehmen, z. B. bevor oder nachdem man das alte Schlachtfeld bei den nahe gelegenen Spicherer Höhen erkundet hat. „Ein Prosit auf die gefallenen Helden des Krieges …" *(mp)*

▲ *Selten, aber noch in der einen oder anderen Sammlervitrine: Ein Bierkrug der drittletzten, 1936 geschlossenen Brauerei Saarbückens. Auch Gläser und Bierdeckel sind dokumentiert.*

◀ *Bei gerodetem Hang werden Spuren der alten Mohr'schen Brauerei sichtbar, u. a. das runde Fundament des Schornsteins.*

▲ *Die überwucherte Ruine des historischen Verbandshäuschens am Rande eines Schrebergartens an der Metzer Straße.*

15 Das Verbandshäuschen

Nur wenige hundert Meter südlich der Saarbrücker Stadtgrenze erinnern Friedhöfe, Gräber und Denkmäler an die Schlacht bei Spichern. Als der Deutsch-Französische Krieg (1870 – 1871) am 6. August 1870 dort eskalierte, forderte er alleine an diesem Tag auf beiden Seiten insgesamt 1.170 Tote und 5.560 Verwundete. Der Begriff „Schlacht" bekam dabei eine wortwörtliche Dimension. Dieses Ereignis ging in die Geschichte ein. Ebenso der Name eines Dienstmädchens. Jene Katharine Weißgerber arbeitete nur wenige Kilometer entfernt im Haushalt der an der Schlosskirche gelegenen Manufakturwarenhandlung Carl Jacob Schultz. Das brachte ihr (ganz nach dem „saarländischen Genitiv") den legendären Namen „Schultze Kathrin" ein. Sie kümmerte sich aufopfernd inmitten der Kampfhandlungen um die verwundeten Soldaten. Schultze Kathrin wurde noch zu Lebzeiten geehrt. Heute erinnert u. a. ein Straßenname an sie, ebenso ihr Grabstein auf dem Ehrenfriedhof im Deutsch-Französischen Garten.

▲ *Eine Sondermarke von 1956 zeigt eine der Wirkungsstätten der Volksheldin Katharine Weißgerber, alias Schultze Kathrin.*

Weniger bekannt ist eine der Wirkungsstätten von Schultze Kathrin und den anderen Menschen, die sich selbstlos am Rande des Geschehens um die Versorgung der verletzten Soldaten kümmerten. Eine zeitgenössische Zeichnung von Karl Röchling schaffte es im Jahr 1956 auf eine Saarländische Sondermarke für das Rote Kreuz. Sie zeigt den historischen Verbandsplatz bei Saarbrücken.

▲ *Mehr als diese Mauerreste sind vom Verbandshäuschen nicht übriggeblieben.*

Und tatsächlich: Die Ruine des abgebildeten Häuschens gibt es immer noch! Sie ist kaum bekannt und scheint mehr und mehr in Vergessenheit zu geraten. Die übriggebliebene Giebelwand ist nur mit Mühe und etwas Fantasie unter dem dichten Efeu zu erahnen. Sie steht am Rande eines der privaten Schrebergärten an der Metzer Straße, linkerhand, wenn man von der Goldenen Bremm in Richtung Frankreich fährt. Mehr als das, was man von der Straße aus durch das Gestrüpp und auf den nebenstehenden Fotos sehen kann, gibt es auch vor Ort nicht zu erkunden. *(fb)*

16a

16 Der gestorbene Friedhof

Der Saarbahn-Omnibus mit der internen Nummer 533 wirbt für den Bund deutscher Friedhofsgärtner mit dem Aufmerksamkeit erregenden Spruch „Es lebe der Friedhof!“ Dass ein Friedhof aber alles andere als lebendig sein kann, zeigen Relikte alter Begräbnisplätze, die nur noch rudimentär vorhanden sind. Traurige Beispiele hat Saarbrücken genug: Den alten Saarbrücker Friedhof am Deutschherrnpfad, den alten Malstatter Friedhof auf dem Kirchberg oder dessen Nachfolger am Jenneweg.

Die Geschichte der Friedhöfe in St. Johann verlief in mehreren Phasen. Dabei ist festzuhalten, dass entsprechend der wachsenden Bevölkerungszahl die Friedhöfe immer größer und immer weiter vom Stadtkern entfernt angelegt wurden. Der erste und älteste war ein Kirchhof rund um die heutige Basilika (ehemals Standort einer Johanneskapelle). Als zweite Phase kamen der Gerberplatz und etwas später ein parallel belegter Friedhof in der Mainzer Straße (auf dem Gelände des Johannishofes) in Verwendung: Ersterer für die Protestanten, letzterer für die Katholiken. 1846–49 wurden beide wieder zusammengeführt. Denn auf dem Rotenberg wurde 1846 ein neuer Friedhof angelegt. Dieser wiederum gab 1883 seine Funktion an den noch bestehenden alten St. Johanner Friedhof auf dem unteren Rotenbühl ab, der wiederum 1917 zu Gunsten des heute noch aktuellen Hauptfriedhofes der damals jungen Großstadt Saarbrücken geschlossen wurde.

Der 1846 auf dem Rotenberg eröffnete Friedhof wurde 1913 in eine Parkanlage umgewandelt. Diese erlebt heute als Echelmeyerpark ihren zweiten Frühling, nachdem Anfang des 21. Jahrhunderts dort die Drogenszene für mehr als nur Schlagzeilen sorgte. Die Umwandlung vom Friedhof zum Park geschah damals sehr gründlich, denn heute ist der Friedhofscharakter verloren gegangen. Eine Herausforderung für die Spurensucher! Die deutlichste Spur ist die klassizistische Aussegnungshalle, die zum Glück immer noch gut erhalten schräg hinter St. Michael steht. Sie trägt die Jahreszahl 1846 im Giebel. Aber es gibt wohl tatsächlich noch zwei Kleinigkeiten, die auf die Existenz dieses „gestorbenen“ Friedhofs hinweisen: An der Schumannstraße steht ein alter Torpfeiler genau in der Sichtachse zur Begräbnishalle, der von einer Urnenvase bekrönt ist. Hier befand sich der Haupteingang des alten Friedhofs. Sogar einen verrosteten Rest des Tores kann man im Sandstein erkennen. Und am Abhang zur Schumannstraße Nähe Kantstraße hin steht ein altes Sandsteinfundament, was wohl zu einem Grabmal gehört haben dürfte. Es sind zwar nur wenige, aber spannende Spuren eines uralten Begräbnisortes. *(mp)*

◄ *In direkter Sichtachse zur Aussegnungshalle des (ur-)alten Friedhofs steht noch ein sandsteinerner Torpfeiler mit einer Urne obenauf.*

▲ *Am Rande des Parks, der Schumannstraße zu, dürfte dieses Relikt das Fundament eines Grabmales gewesen sein.*

▼ *Die Aussegnungshalle, die von 1846 bis 1883 in Betrieb war, wurde zeitweise von einem Theaterverein und wird heute von der Stadtverwaltung genutzt.*

▲ *Das sogenannte „Russendenkmal" – ein Ort der Verhöhnung.*

17 Das „Russendenkmal"

An einem Denkmal im Wald bei Bischmisheim werden Emotionen ganz unterschiedlicher Art geweckt. Es ist zum Einen der Ärger über den Zynismus, der in der Aussage dieses Denkmals steckt, zum Anderen die Scham über das Geschehene. Aber auch die aufwühlende Frage, wie mit diesem Ort umzugehen ist.

Ein braunes Schild am Breitenberger Weg weist den abschüssigen Pfad zum so bezeichneten „Russendenkmal". Die wenigen Besucher dieses merkwürdigen Ortes erwartet ein in Fels gehauenes Relief mit der Aufschrift

Wegebau wurd hier beigebracht
Den Russen unter Deutscher Wacht
1915 – 1916

„Reim' Dich oder ich fress Dich" könnte man sagen. Die Jahreszahlen sind eingerahmt von zwei „Eisernen Kreuzen", darunter die Namen „H. K. Burgard u. Reinheimer". Links neben dem Schriftzug sind in einem rechteckigen Rahmen drei Männer zu erkennen, die mit Hammer, Hacke und Spaten ausgestattet sind.

In einem mit Lorbeer- und Eichenkranz geschmückten Wappen erkennen wir einen Soldaten mit Pickelhaube, Gewehr und aufgepflanztem Bajonett.

Da die Literatur über dieses Steinrelief bislang schweigt, bleibt die Nachfrage vor Ort. Dieses Denkmal bewegt auch heute noch die Gemüter.

Die Bilder wurden von unbekannten Bildhauern geschaffen. Oder waren es jene H. K. Burgard und Reinheimer selbst? Oder haben die beiden jemanden dazu veranlasst, es in den Fels zu hauen? Wir werden es wohl nicht mehr erfahren.

Das Felsbild erinnert in zynischem Ton an die Zeit des Ersten Weltkrieges, in der vorwiegend russische Kriegsgefangene als Zwangsarbeiter in der hiesigen Montanindustrie und der Land- und Forstwirtschaft zum Dienst herangezogen wurden. Hier in Bischmisheim wurden sie auch zum Anlegen von Wegen gezwungen. Heute nutzen wir diese Wege wie selbstverständlich. Und mit wachem Blick entdecken wir im nahe gelegenen Gestrüpp die früheren Wege, auf denen seit Jahrzehnten kein Auto oder Pferdefuhrwerk mehr gefahren ist.

Heute wissen wir, dass es den damaligen Zwangsarbeitern wohl besser ergangen sein muss, als den Zwangsarbeitern im Zweiten Weltkrieg. Dennoch war auch damals Nahrungsknappheit allgegenwärtig. Zudem war die Verpflegung rationiert und orientierte sich am Schweregrad der geleisteten Arbeit, genau wie bei den Arbeitern in den Fabriken. Die Zwangsarbeiter waren allerdings deutlich schlechter gestellt. Die Bischmisheimer hätten ihnen dennoch anständig zu Essen gegeben, erzählt man sich.

Tausende Kilometer fernab ihrer Heimat wird es den Kriegsgefangenen auch seelisch nicht gut gegangen sein. Die deutsche Propaganda-Maschinerie lieferte bereits im Ersten Weltkrieg für „den Russen“ das Feindbild des brutalen Barbaren und kulturlosen Säufers. Auch wenn es sicher Ausnahmen gab, derart angestachelt hatten die „Gastgeber“ aus dem damaligen Deutschen Reich den Arbeitssklaven wohl kaum ein würdiges Leben und Arbeiten möglich machen wollen. Dass die Zwangsarbeiter als Menschen zweiter Klasse galten, zeigte sich in der zynischen Polemik der damaligen Zeitungen, auf Litfaßsäulen, Postkarten und nicht zuletzt im Volksmund. Und eben auch auf der Inschrift des Russendenkmals in Bischmisheim, die vermitteln soll, Russland wäre eine wilde Wüste ohne zivilisierte Wege.

Es ist ein erhaltenswerter, denkwürdiger und sehr bewegender Ort. Eine Gedenktafel wäre hier eine gute Investition.

▲ *Die Darstellung der unfreiwilligen Wegebauer.*

Ein Felsrelief jüngeren Datums findet man am Fuße des Schwarzenberges, wenn man den Hauptweg vom Schwarzenbergturm geradeaus Richtung Universität folgt. Das Werk eines unbekannten Bildhauers ist auf Kniehöhe in einer starken Kurve an einem Felsen zu sehen. Im Gegensatz zum „Russendenkmal" wurde hier in Demut und Trauer eine Gedenkstätte für die Gefallenen der beiden Weltkriege geschaffen.

Die Jahreszahlen markieren die beiden Weltkriege. Dazwischen der Kopf eines Soldaten mit Stahlhelm. Die tiefen und leeren Augenhöhlen wirken durchaus furchteinflößend und lassen den Tod erahnen. *(fb)*

17b

▲ *Nur noch das obere Drittel ist zu sehen. Die Splitterschutzzelle am Grumbachtalweg.*

18 Ein Séparée für den Ernstfall

Noch lange Zeit nach dem Zweiten Weltkrieg begegnete man öfter so genannten „Einmannbunkern". Korrekter ist wohl die Bezeichnung „Splitterschutzzelle". Sie sind weniger geworden, besonders ansehnlich sind sie ja auch nicht gerade, zumal diese klobigen Teile an prominenten Punkten standen. In Saarbrücken finden sich heute noch mindestens zwei. Einen kann man auf den Saarterrassen am Ende des Fußgängersteges zur Achterbrücke begutachten. Er scheint allerdings magische Anziehungskraft für jegliche Art von Müll zu haben. Wie selbstverständlich hinterlassen dort Passanten leere Getränkeverpackungen oder auch schon mal einen ganzen Beutel mit Müll. Was in den Köpfen dieser Menschen vor sich geht, bleibt ein Rätsel, wenn denn dort überhaupt was vor sich geht. Wie auch immer – hin und wieder befreien Mitarbeiter der Straßenreinigung den Ort vom Unrat. Dann lässt sich die schwere Tür öffnen und gibt den Blick ins Innere frei.

Splitterschutzzellen wurden in den Jahren des Zweiten Weltkrieges industriell in Serie gefertigt, anfangs noch aus schwerem Eisen. Als dieser Rohstoff durch den Verbrauch durch die ganze Kriegsindustrie knapp wurde und kein ausreichender Nachschub zur Verfügung stand, wurden die Zellen aus Stahlbeton gegossen. „Unsere" Saarbrücker Splitterschutzzellen sind der Bauart „DYWIDAG Typ II", wie sie ab 1941 von der Dyckerhoff & Widmann AG gebaut wurde. Ein lukratives Geschäft insbesondere für die Betonindustrie. Zehntausende solcher Schutzzellen wurden im Deutschen Reich aufgestellt, alleine mehrere Tausend Exemplare entlang der wichtigen Bahnlinien. Sie wurden vor allem dort aufgestellt, wo sich „kriegswichtige" Leute aufhielten, die dort einen eigenen Schutzraum brauchten. Dazu zählten auch Beobachtungsposten, die das Kriegsgeschehen beobachten und per Feldtelefon Feuerwehreinsätze koordinieren konnten. Andere standen an öffentlichen und militärischen Einrichtungen. Manche auch an wichtigen Orten der Versorgung. Das ist möglicherweise der Grund für den anderen bekannten Standort gegenüber dem ehemaligen Wasserwerk am Grumbachtalweg.

Zudem ließen sich mit Angst schon immer gute Geschäfte machen. So stand es letztlich auch Privatleuten frei, sich eine Splitterschutzzelle auf eigenem Grund und Boden aufstellen zu lassen.

Nach dem Zweiten Weltkrieg wurden die Splitterschutzzellen im großen Stil eingesammelt und im Zuge der Entmilitarisierung Deutschlands vernichtet. Übriggeblieben sind landesweit vereinzelte Exemplare, die noch an finstere Zeiten erinnern. *(fb)*

▲ *Ein seltener Anblick: Die Splitterschutzzelle auf den Saarterrassen ohne Müll.*

▲ *Schon fast mystisch wirken die verlassenen Schießbahnen nahe dem Universitätsgelände.*

19 Wenn's beim Studieren knallt

Im Juni 2015 eröffnete die Universität des Saarlandes das „Graduate Centre", einen vom geschäftigen Campus etwas abgelegenen Gebäudekomplex mit der nüchternen Nummer C9 3. Es ist hier draußen ruhig und durchaus idyllisch – also ideal für ein Tagungsgebäude mit entspannten Arbeitsplätzen im ehemaligen „Jägerheim".

Ein Spaziergang an den Fuß des Schwarzenberges in diesen östlichen Zipfel des Universitätsgeländes lohnt sich. Einen Steinwurf vom ehemaligen Jägerheim kann man heute noch eine Backstein-Ruine erkennen. Direkt daneben markieren meterhohe Erdwälle unübersehbar die Reste dreier großer Schießbahnen. Die ursprünglich einmal 300 Meter langen Gräben wurden dort von der Wehrmacht ausgehoben und als Übungsplatz für das Maschinengewehr-Schießen genutzt.

Die *Vereinigung der Jäger des Saarlandes (VJS)* hat 1950 die verwaiste Schießanlage von der Stadt gemietet. Für die Zwecke des jagdlichen Schießens waren die langen Gräben überproportioniert. Sie wurden durch einen Zugangsweg abgetrennt und fortan für das

▲ *Eine Luftbildfotografie von 1945 zeigt die ursprünglichen Ausmaße der Schießanlage im Stadtwald. Von der Universität war damals noch keine Spur.*

◀ *Der ehemalige Kugelfang.*

▲ *Auch die Kunstwerke eines anonymen Künstlers wirken in einer Schießbahn magisch. In den Saarbrücker Wäldern sind sie vermehrt zu finden.*

Pistolenschießen und das Schießen auf sogenannte „Kipphasen“, einer Art Fließband mit Blechhasen, genutzt. Die Anlage wurde vorübergehend auch von der Polizei und dem Saarbataillon mitgenutzt. Die Polizei schied Ende der 1960er Jahre aus, weil sie dort auch vollautomatische Waffen einsetzte. Deren lautstarke Schüsse wurden zusehends eine Belastung für die benachbarte Universität.

Gut fünfzig Jahre konnte man im näheren Umfeld des Jägerheims eher leisere Übungsschüsse hören, die wohl nicht nur von Spaziergängern registriert wurden. Vor rund 20 Jahren wurde einer der beiden Autoren dieses Buches bei seinem Geographie-Studium regelmäßig vom Knallen abgelenkt. Die Anlage wurde 2006 vom VJS verlassen. Der Verein hat im Saarwellinger Lachwald ein neues Domizil gefunden.

Im Saarbrücker Stadtwald sind die Gräben der großen Schießbahnen und die überdachten Kugelfänge der Pistolenschießbahnen übriggeblieben. Hier und da hinterlassen anonyme Künstler ihre temporären Kunstwerke. Auch die sind sehenswert. *(fb)*

▲ *Junge Polizisten des Saarbatallion im Jahr 1955 bei einer Übung in einer der Schießbahnen.*

▲ *Kein schöner Ort: Die BAMSt im Oktober 2013.*

20 Gute und schlechte Aussichten

Patienten des Winterbergkrankenhauses und deren Angehörigen steht in der Regel nicht der Sinn danach, die versteckten Sehenswürdigkeiten des Winterberg-Plateaus zu erkunden. Daher ist es nur allzu verständlich, wenn man sich den Winterberg mit dem weithin sichtbaren Krankenhaus lieber von weitem ansieht. Für jeden halbwegs gesunden Menschen lohnt sich trotzdem ein kleiner Abstecher auf den Berg, am besten zu Fuß, mit dem Rad oder mit dem Bus. Parkplätze sind dort hart umkämpfte Mangelware. Die Besucher erwartet die Ruine des Winterbergdenkmals, vereinzelte Soldatengräber (siehe Seite 42), eine rätselhafte Brücke, eine Parkbank mit zugewuchertem Blick auf die Stadt (der sicher ganz toll ist, wenn er denn mal wieder freigeschnitten würde), ein verrottender Vita-Parcours (siehe Spurensuche Band 1, Nr. 81) und verschiedene Relikte des Zweiten Weltkrieges. Zugegeben: Ein solcher Ausflug hat etwas Morbides und wenig Erbauliches. Für die Patienten des Krankenhauses empfehlen sich daher eher die paar Waldwege und das bisschen Natur. Und für die Ausflügler mit Hang zum Düsteren gibt's zudem eine BAMSt. Sie haben richtig gelesen: eine „B A M S t"!

BAMSt steht für „Beobachtungs- und Abc-Messstelle". Also schon wieder ein Kriegsrelikt. Derartige Messstellen wurden in den Jahren des Kalten Krieges dazu eingerichtet, im Katastrophenfall jegliche Art von Waffenwirkungen zu dokumentieren und zu melden. Zu den Aufgaben des dort eingesetzten Teams gehörte das Aufspüren, Messen und Melden von Kontamination nach dem Einsatz von atomaren, biologischen und chemischen Waffen. Auch wenn dort früher die Aussicht etwas besser gewesen sein muss, weil der Wald noch nicht so hoch gewachsen war, wären die Aussichten im Krisenfall alles andere als rosig gewesen. Wäre überhaupt noch jemand zum Messen da gewesen, wem hätte diese Information noch genutzt? Eine radioaktive Wolke wäre schlimmstenfalls zu messen gewesen. Und dann? Kein schöner Job. Eher ein „Bombenjob" mit unklarem Ausgang.

Wie auch immer: Die Messstelle liegt am untersten Weg des Parkplatzes direkt am Waldrand. Die abgeschrägte Rückseite des klobigen Betonklotzes grenzt direkt an die Straße, sodass sie eher wie ein Stück umwucherte Mauer wirkt und dadurch kaum auffällt. Die Messstelle war ursprünglich mit spärlichen Mess- und Kommunikationsmitteln ausgestattet. Da sie nur im Ernstfall besetzt werden sollte, war die BAMSt meist verwaist und somit das ideale Ziel für unseriöse Abenteurer und kriminelle Techniksammler. Die Tür wurde wiederholt aufgebrochen und die Inneneinrichtung komplett ausgeräumt. Auch wenn die Tür heute wieder zugemauert ist, sei hier vorsichtshalber erwähnt, dass sich dahinter nur ein dreckiger, leerer Raum befindet. Also: Die Brechstange bleibt bitte zuhause! *(fb)*

▲ *Der Meerwiesertalweg in Richtung Universität: Rechts der Trümmerberg, auf dem der Sportplatz am Waldhausweg liegt.*

21 Die Topographie des Krieges

Wohin mit all den Trümmern, die die Bomben während des Zweiten Weltkrieges hinterlassen haben? Vor dieser Frage standen die Saarbrücker beim Anblick der meterhohen Schuttberge, die von dem Großteil der Häuser übriggeblieben waren. Ab 1945 galt es, zwei Millionen Kubikmeter Trümmer zu beseitigen. Zur Veranschaulichung: Ein größerer Baustellenkipper, wie er heute eingesetzt wird, hat ein Fassungsvermögen von rund 25 Kubikmetern. Das wären nach heutigen Möglichkeiten gut 80.000 Lastwagenfahrten. Damals standen sechs Bagger, eine Planierfahrzeug, 25 Lokomotiven und 350 Loren zur Verfügung. Und 17 Kilometer Feldbahngleise, die erst einmal verlegt werden mussten. Neben Materialknappheit und Mangel an Arbeitskräften machte das Auffinden günstiger Schuttplätze Sorgen. Neben kleineren Einebnungen fanden sich dann doch ein paar größere Lagerplätze. Manche veränderten das Stadtbild nachhaltig und sind bei genauerem Hinsehen heute noch zu erkennen.

▲ *Der Sportplatz am Waldhausweg.*

▲ *Der ehemalige Saarbrücker Kohlehafen wurde mit Trümmern zugeschüttet (oben 1929, unten 2013).*

– Eine der beeindruckendsten Stellen ist das zugeschüttete Becken des ehemaligen Kohlehafens an der heutigen Hafenstraße. Was man heute davon sieht (bzw. nicht sieht), sind ein paar Reste alter Kohleschütten im Bürgerpark und das Fehlen des Hafens in der Hafenstraße (siehe linke Seite).

– Ein Talstück an der Metzer Straße wurde zugeschüttet und bietet einem Teil des „Gottwill" ein Fundament.

– Am früheren Flugplatz in St. Arnual – heute ein Teil der „Daarler Wiesen" – wurden Trümmer abgeschüttet.

– Das Weyerbachtal wurde mit einem Viertel des gesamten Trümmeraufkommens zugeschüttet. Das führte zur Aufstauung des Burbacher Weihers.

– Ein kleines Tal entlang der heutigen Camphauser Straße wurde zugeschüttet. Auf ihm stehen Teile das Ludwigsparkstadions (siehe Bilder rechts).

– Ein Teil des Meerwiesertals wurde zugeschüttet. Der heutige Sportplatz am Waldhaus ist ein Trümmerberg. Dessen Kante ist heute noch gut vom Meerwiesertalweg aus zu sehen.

– Auch Teile der Ohmstraße auf dem Homburg stehen auf Trümmern.

– Entlang der Straße des 13. Januar liegen Trümmer.

– Der Lebensmittelmarkt in der Gersweiler Straße und dessen angrenzenden Gebäude stehen auch auf Trümmern.

– Der „Königsbruch" wurde zugeschüttet. Dieser ehemalige Taleinschnitt zwischen dem alten und neuen Teil des Hauptfriedhofes ist heute eine Wiese und für Erdbestattungen ungeeignet. *(fb)*

▲ *Eine Trümmerbahn kippt Schutt und Steine aus. Nicht nur Berge wurden aufgehäuft. Auch ganze Täler wurden zugeschüttet, wie hier am Ludwigsberg.*

▲ *Beim Aufschütten der Trümmer am Ludwigsberg wurden die Kanalisationsschächte nach oben verlängert. Je einen für den Schmutz- und Regenwasserkanal.*

▲ *Nahe dem Parkhaus Staatstheater liegen vier alte Fundamentsteine des alten Malstatter Nadelwehrs. Entlang der Saar gibt es weitere Stellen, an denen solche Steine abgelegt wurden.*

22 Dicke Steine

An verschiedenen Stellen entlang der Saar liegen auffallend dicke Steine, die offenbar nicht so richtig dahin gehören. Die Steine dienen als Sitzplatz oder hindern Autofahrer am Falschparken oder daran, ins Wasser zu stürzen. Wären das gewöhnliche Beton-Poller, wären sie nicht der Rede wert. Doch diese Steine sind von Hand aus schwerem Sandstein gehauen und weisen in der Mitte eine Mulde aus Metall auf. Es sieht so aus, als hätten die Steine eine Geschichte zu erzählen. Und genau so ist es:

Die Steine stammen aus dem Fundament des einstigen Saarbrücker Nadelwehrs. Das wurde 1862–1865 in der Saar nahe des heutigen Stadtteils Malstatt errichtet. Im Zweiten Weltkrieg wurde es stark beschädigt und danach wieder rekonstruiert. Im Zuge des Ausbaus der Saar als Großschifffahrtsstraße und der damit verbundenen Errichtung der neuen Saarbrücker Schleuse bei Burbach, wurde das Wehr 1999 anlässlich des ersten „Saar-Spektakels" abgebaut, um dessen Radius zu vergrößern. Die verbliebenen Schleusen- und Wehranlagen wurden später abgerissen. Heute befindet sich an dieser Stelle (bei Saar-Kilometer 86,400) eine Wendestelle für Schiffe bis zu einer Länge von 110 Metern Länge.

▲ *Das Saarbrücker Nadelwehr Ende der 1960er Jahre. Im Hintergrund die neu errichtete Kongreßhalle.*

Mit dem Nadelwehr der einstigen Schleuse in Malstatt regulierte man den Wasserstand der Saar bis zur nächsten Staustufe in Güdingen. Über die Breite des Wehrs waren bis zu 800 Stück 2,70 Meter langer, vierkantiger Fichtenholz-Balken (Querschnitt 7x7 cm), den sogenannten „Nadeln", so dicht nebeneinander aufgestellt, dass kein Wasser hindurchfließen konnte. So konnte es gestaut werden. Die Wassermenge, die hindurchfließen sollte, regelte die Anzahl der Nadeln, die aus dem Wehr herausgezogen oder hinzugefügt wurden. Für diese nicht gerade ungefährliche Arbeit gab es einen begehbaren Wehrsteg aus Stahlplatten. Der wiederum bestand aus 48 einzelnen „Wehrböcken" oder auch „Nadelböcken". War abzusehen, dass es zu einem Hochwasser kommen könnte, und die Gefahr bestand, dass das Wehr von den Wassermassen überströmt werden könnte, wurden alle Nadeln herausgezogen. Die schweren, mit Wasser vollgesaugten Nadeln wurden in Vierer-Paketen geschultert und ans Ufer getragen.

Die Wehrböcke konnten nun entriegelt und unter der Wasseroberfläche auf den Grund des steinernen Fundamentes, der „Wehrbockkammer", abgesenkt werden. Für die Wehrmannschaft kein leichter Job, denn diese Arbeiten fanden

▲ *Nach einem Hochwasser Anfang der 1970er Jahre wird das Wehr wieder aufgerichtet. Die am Grund liegenden Wehrböcke werden mit schweren Ketten aus dem Wasser gezogen.*

▲ *Die Stauung wird abgelassen und die Nadeln auf ein Boot verladen. Das Bild entstand Anfang der 1960er Jahre.*

▲ *Die Wehrmannschaft stellt das Wehr nach einem Hochwasser wieder auf. Im Hintergrund der alte Kohlenhafen und die gebaute Kongresshalle.*

meist im Herbst, Winter und Vorfrühling statt, der Hochwasserperiode in unserer Gegend. Witterungsbedingt wurden diese Arbeiten auch bei Regen, Sturm und in der Nacht ausgeführt.

Nach dem Hochwasser konnten die Wehrböcke Stück für Stück mit Ketten wieder aus dem Wasser heraus gezogen werden. Die Wehrböcke und Wehrplatten waren untereinander mit einer Stahlkette verbunden. Mit einem Stahlseil und einer Handwinde am linken Ufer konnten sie wieder aufgerichtet werden. Je nachdem, wie hoch gestaut werden sollte, wurde nun die entsprechende Anzahl Nadeln wieder davorgestellt.

Die beweglichen Achsen der Wehrböcke waren in den Mulden der Fundamentsteine verankert, die am Grund des Wehrs vermauert waren. Die Fundamentsteine lagen also immer unter der Wasseroberfläche und waren lediglich bei extremem Niedrigwasser zu sehen

Und nun sind sie mit ihren Mulden für jedermann zu sehen: Am Parkhaus Staatstheater, an der Güdinger Schleuse und an beiden Seiten der Saar, westlich des Bürgerparks, wo einst das Nadelwehr stand. Seit das Saarbrücker Wasserstraßen- und Schifffahrtsamt sie an Land brachte, sind sie im wahrsten Sinne des Wortes ein kleines Stück Saar-Geschichte geworden. Eine Reminiszenz an vergangene Zeiten. Zum Anschauen, Anfassen, Daraufsetzen und hoffentlich nicht Dagegenfahren. *(fb)*

▲ *Ein Längsschnitt zeigt das Legen des Wehrs.*

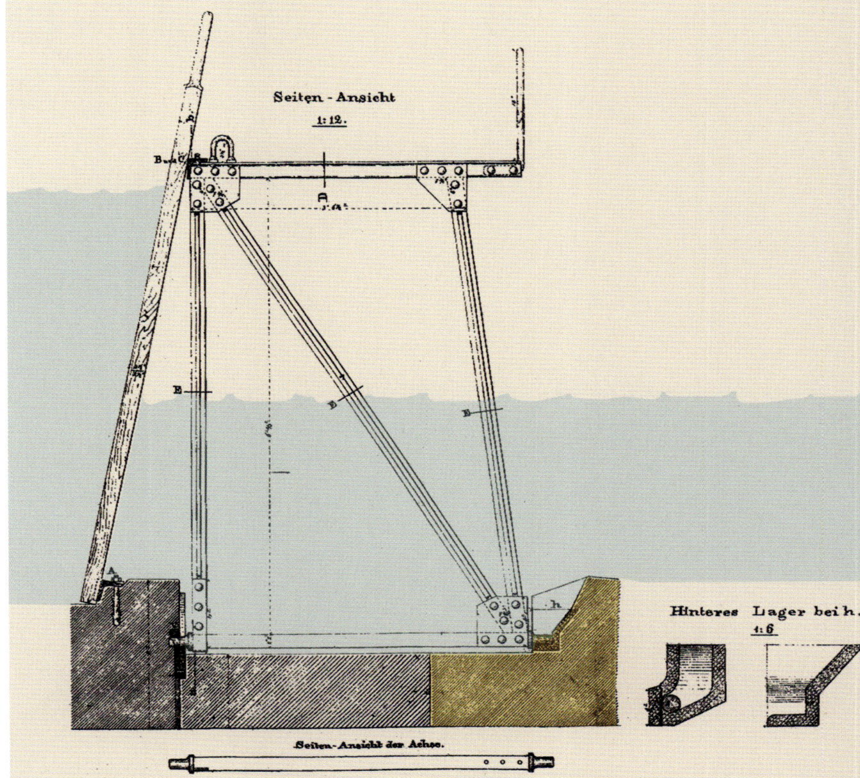

▶ *Auf einer alten Konstruktionszeichnung des Saarbrücker Nadelwehrs ist der Fundamentstein, von der Sorte, wie wir sie vor dem Staatstheater finden, der die Achse des Wehrbocks aufnahm, farbig markiert. Auf dieser Seitenansicht ist links eine der 800 Nadeln zu sehen.*

23a

23 Zu Pferd und zu Fuß durch die „gute alte Zeit"

Ach, was waren das noch für Zeiten, als man noch zu Pferd in die Stadt kam, oder sogar mit der Kutsche. Der eine oder andere Leser wird sich noch daran erinnern können, dass die Saarbrücker Brauereien mit Pferdefuhrwerken durch die Straßen kutschierten. Oder erinnern Sie sich vielleicht noch an die berittene Polizei? Die gab es noch bis März 1987, als die „Berittene Abteilung der Saarbrücker Vollzugspolizei" in der St. Arnualer Barbarastraße eingestellt wurde. Das wären wohl auch die letzten Reminiszenzen an die „gute alte Zeit" zu Pferde gewesen, gäbe es nicht ein paar Details, die sich beim genaueren Hinsehen im Stadtbild finden.

Ein wunderschönes Überbleibsel aus der Zeit, in der man noch hoch zu Ross an den Ludwigsplatz kam, ist einer der wenigen übriggeblieben Eisenringe, an denen man sein Pferd festbinden konnte. In manchen Saarbrücker Hinterhöfen kann man sie auch noch finden. Das Exemplar an der Hauswand Ludwigsplatz Nr. 7 ist jedoch für jedermann frei zugänglich. Und wo hängen noch weitere Ringe? Schauen Sie nach, suchen Sie selbst an den alten Häusern der Stadt! Dabei werden Ihnen noch andere Details auffallen. Bei-

◀ *Ein Schmutzabstreifer am Haus Nauwieserstraße 42.*

◀ *Im Haus Ludwigsplatz Nr. 7 ist das italienische Konsulat untergebracht. Ob der Generalkonsul jemals auf dem Pferd zur Arbeit kam, ist nicht überliefert.*

spielsweise die Radabweiser. Die findet man an Häuserecken und Toreinfahrten. Sie sind meist aus festem Stein, manche aber auch aus schwerem Metall, denn die Räder der Pferdefuhrwerke waren mit Eisen beschlagen und konnten ein Gebäude empfindlich beschädigen. Umgekehrt hätte auch die überstehende Achse beschädigt werden können, weswegen auch manche dieser Prellsteine etwas vom Haus abgerückt installiert wurden.

Es ist zwar schon eine Weile her, dass das Saarbrücker Straßennetz noch nicht durchgehend asphaltiert oder gepflastert war. Schuhe und Stiefel sahen bei schlechtem Wetter dementsprechend schmutzig aus. Aus dieser Zeit stammen die Fußabstreifer die noch neben vielen Eingangstüren älterer Häuser zu finden sind. An ihnen kann man den gröbsten Dreck von der Sohle abkratzen. Wie gut, dass es sie heute noch gibt, denn sie sind immer noch ein willkommenes Hilfsmittel für jene, die ihre Schuhsohle von einen plattgetretenen Hundehaufen befreien wollen. *(fb)*

◀ *Im Jahr 1968 gehörten Bierkutscher noch fest zum Saarbrücker Stadtbild. Ein seltenes Farbbild zeigt einen der Letzten seines Standes. Aufgenommen wurde es an der Ecke Hafenstraße / Viktoriastraße.*

23c

▲ *Ein Blick in die Einfahrt zur ehemaligen „Koch'schen Gießerei" an der Ecke Hohenzollern-/Neugeländstraße zeigt einen der beiden formvollendeten Radabweiser aus Gusseisen.*

23d

▲ *Ein Radabweiser am Kultur-und Werkhof Nauwieserstraße 19.*

24a

24 Neues Licht aus alter Zeit

Auch Spurensucher tappen hin und wieder mal in Fallen. Das muss nicht unbedingt unerfreulich sein, wie sich in diesem Fall zeigte: Gesucht wurde nach den Spuren alter Saarbrücker Gaslaternen. Anders als in anderen Städten, wo erbittert um den Erhalt der funktionierenden Gaslaternen gekämpft wird, ist die Zeit, in der die Straßen Saarbrückens noch mit Gaslicht erhellt wurden, lange vorbei. Die letzten Gaslaternen wurden in den 1970er Jahren am Staden außer Betrieb genommen.

Es finden sich in der Stadt dennoch drei Stellen, an denen tatsächlich noch Gaslaternen stehen. An der Ecke Fürstenstraße/Am Stadtgraben stehen sieben Laternen, die im Zuge der Umgestaltung des Marktviertels aufgestellt wurden. In deren Lampenkopf brennt allerdings elektrisches Licht.

Wesentlich authentischer hingegen wirken die Gaslaternen vor dem Gebäude des einstigen Gas-Versorgers Saar Ferngas AG in Neuscheidt an der Kaiserstraße. Die werden tatsächlich mit Gas betrieben und erwecken mit ihrem typischen Licht durchaus den Eindruck, es handele sich um historische Lampen. Es liegt die Vermutung nahe, die hätten vielleicht einmal an einer anderen Stelle ihren Dienst getan. Doch die Wahrheit ist wesentlich nüchterner. Die Gaslaternen am Fuße des Halbergs waren funkelnagelneu, als sie in den frühen 1980er Jahren vor dem heutigen „Enovos"-Gebäude aufgestellt wurden. Sie stammen von der Firma Gebr. J. & C. Schneider Leuchtenfabrik und Emaillierwerk, die noch heute Straßenlaternen nach historischem Vorbild herstellt. Saar Ferngas AG ließ damals eigens eine Gasleitung zu den fünf Laternen legen, die allnächtlich ihr warmes Licht auf den Fußweg werfen.

Ganz anders könnte es sich bei den Laternen in der Fürstenstraße verhalten. Wer sich die Lampen etwas näher anschaut, wird sehen, dass unter dem hellgrünen Lack eine gewisse Patina zu erkennen ist. Die Lampen scheinen durchaus älteren Datums zu sein, auch wenn sie heute mit elektrischem Licht betrieben werden und der Lampenkopf eher neueren Datums zu sein scheint. Die Laternen könnten also durchaus einmal einen anderen Saarbrücker Straßenzug beleuchtet haben, doch lässt sich das heute nicht mehr belegen. Es drängt sich aber noch ein weiterer Verdacht auf: In den Jahren, als diese Laternen aufgestellt wurden, gab es zwischen den beiden deutschen Staaten einen groß angelegten Transfer von Kulturgütern. In Zeiten der DDR wurden ganze Straßenzüge auf elektrisches Licht umgestellt, nur um die alten Gaslaternen

◀ *Die fünf Gaslaternen vor dem alten Saar-Ferngas-Gebäude an der Kaiserstraße in Schafbrücke werden mit Gas betrieben.*

▲ *Die Laternen in der Fürstenstraße. Führt die Spur ins alte Saarbrücken oder sogar nach Dresden oder Leipzig?*

24c

gegen westliche Devisen ins benachbarte Westdeutschland zu verkaufen. So geschehen in Dresden und Leipzig während der 1970er Jahre. Genau zu dieser Zeit wurden nämlich auch die Laternen an der Fürstenstraße installiert, was durchaus auf ein windiges Geschäft mit Kulturgut schließen ließe. Bestätigen konnte es uns bislang niemand – und die Laternen schweigen beharrlich.

Ein kurioses Überbleibsel findet sich an der Ecke Deutschherrenstraße/Forbacher Straße. In dem kleinen umzäunten Rondell an der spitzen Straßenecke steht eine dunkelgraue Säule mit Blumenschale. Hierbei handelt es sich um den Rest einer großen Gaslaterne. Es müsste sich um einen mehrarmigen Kandelaber gehandelt haben, der vermutlich im Krieg beschädigt wurde. Die Schale wurde nachträglich daraufgesetzt. Eine Ansichtskarte (vermutlich von 1902) zeigt eine derartige Gaslaterne auf dem Vorplatz des Saarbrücker Schlosses, vielleicht ja sogar das Exemplar, dessen Rest heute an der Deutschherrenstraße steht. *(fb)*

▲ *Eine Ansichtskarte (vermutlich um 1902 aufgenommen) zeigt einen mehrarmigen Kandelaber auf dem Saarbrücker Schlossplatz, flankiert von zwei chinesischen Kanonen.*

◀ *Ein Relikt aus der Saarbrücker Gaslaternen-Zeit steht an der Ecke Deutschherrenstraße/Forbacher Straße. Der Sockel eines mehrarmigen Kandelabers wurde zu einer Art Vase umgerüstet und sieht aus wie ein Springbrunnen.*

▲ *So könnte die Gaslaterne vielleicht einmal ausgesehen haben. Dieser schmucke Kandelaber steht in Hagen.*

▲ *Die beiden Figuren im Paradiesgarten an der Johanneskirche.*

25 Die Wächter des verlorenen Parks

Noch vor gut zwanzig Jahren verfiel die Grünfläche hinter der Johanneskirche zusehends zum Urinal und Drogenumschlagplatz. Lange Überlegungen, wie damit umzugehen sei, brachten eine gute Idee hervor: Das Anlegen eines ruhigen Kirchgartens, der innerhalb fester Öffnungszeiten jedem Bürger zur Erbauung und Erholung zur Verfügung stehen sollte. Im Juli 2003 öffneten sich die sieben goldenen Tore. Der neue Paradiesgarten zwischen Cecilienstraße und Johanneskirche sollte fortan ein Kleinod in der City werden. Doch das Paradies währte bekanntermaßen nicht lange. Innerhalb weniger Monate war der neue Garten wieder fest in den Händen der Drogenszene und erneut dem kriminellen Milieu verfallen. Und die Ratten erfreuten sich an den essbaren Hinterlassenschaften der Besucher. Sehr zum Leidwesen der Anwohner, deren Toleranz über alle Maßen strapaziert wurde.

Im vermeintlichen Paradies werden Ihnen vielleicht schon die beiden Sandsteinfiguren aufgefallen sein. Man sieht sie auch bei geschlossenen Pforten. Sie stellen den Apostel Petrus und den Evangelisten Johannes dar. Petrus, der stets als alter Mann mit lockigem Haar dargestellt ist, hält das Buch des Lebens in der einen und den Schlüssel Petri in der anderen Hand. Johannes wird stets bartlos dargestellt, weil er zur Zeit Jesu sehr jung gewesen sein soll. Er trägt einen Kelch. Die beiden Figuren zierten einst den Südgiebel der Johanneskirche an der Stephanstraße – hoch oben über der Saarbahn-Haltestelle. Ihre Metallhalterungen waren irgendwann einmal so verrostet, dass es zu gefährlich wurde, sie dort oben zu lassen. Sie wurden vom Giebel geholt und standen mehrere Jahrzehnte im Garten des evangelischen Gemeindezentrums Alte Kirche. Dort schauten sie bei etlichen fröhlichen Gemeindefesten zu. Nun stehen die beiden im Paradiesgarten und hoffen darauf, dass es hier bald wieder beschaulicher zugeht. *(fb)*

26 Eine geheimnisvolle Tür

In jeder Stadt kennt man zugemauerte Türen. Manche Türen werden überflüssig, werden dann zugemauert, verputzt und verschwinden hinter einer neuen Fassade. Manche Türrahmen bleiben sichtbar und lassen erahnen, wohin man früher durch sie hindurch gelangen konnte. So konnten wir in Band 1 (Nr. 76) sogar ein „Tor zur Hölle" ausmachen. An der Alten Brücke gibt es eine zugemauerte Tür, die normalerweise auch überhaupt nicht als solche zu erkennen wäre, hätte es nicht den Hinweis eines Bürgers gegeben, der diese Stelle noch von seiner Jugendzeit her kennt. Schon damals lag der Zweck der Tür etwas im Dunkeln.

Wer vom Stadtteil Alt-Saarbrücken über die Alte Brücke nach St. Johann geht, kann über eine Treppe am Tblisser Platz den Weg zum Staatstheater abkürzen. Unten angekommen lassen sich im Sandstein-Mauerwerk der Treppe mit etwas Fantasie die Konturen einer Tür erkennen. Spätestens wenn man am Boden noch das kleine Stück einer ausgetretenen Türschwelle erkennt, hat man die richtige Stelle gefunden.

Dieser ehemalige Eingang war bis in die 1960er Jahre durch eine Metalltür verschlossen. Es soll ein Geräteraum gewesen sein, in dem Bauarbeiter und Gärtner ihr Werkzeug gelagert hatten. Doch stellte man sich die Frage, ob von diesem Raum auch ein Zugang zu einem der verschütteten Brückenbogen möglich war. Diese Frage ließ sich bislang nicht beantworten. *(fb)*

◀ *Ein Foto von 1961 zeigt die offene Tür.*

◀◀ *Zugemauert. War hier ein Zugang zu einem der verschütteten Brückenbogen, oder war's nur ein Abstellraum?*

27 Der Turm an der Moltkestraße

Der große Sandstein-Turm am unteren Ende der Moltkestraße regt seit einiger Zeit die Fantasie der Betrachter an. Der Anblick der hohen Wand lässt Bilder von alten Ritterburgen und mächtigen Wehrtürmen wach werden. Kann es sein, dass hier einmal etwas Historisches gestanden hat? Handelt es sich hierbei etwa um ein Überbleibsel eines noch viel größeren Bauwerkes aus alten Tagen? Hat der Turm vielleicht sogar etwas mit dem dahinter liegenden Luftschutzbunker aus dem Zweiten Weltkrieg zu tun, oder ist er „nur" historisierende Zierde?

Nichts von alledem! Mit dem Bau der Moltkestraße galt es einen Felsvorsprung zu ummauern. Der Turm wurde 1892/93 von den Firmen L. J. Schmidt und H. Walter erbaut und diente bis zu seiner Beschädigung im Zweiten Weltkrieg als Aussichtspunkt. Obendrauf gab es eine Plattform mit einem schmiedeeisernen Geländer. Allerdings gab es schon wenige Jahre nach der Erbauung immer wieder Anlass für Renovierungsarbeiten. Dabei wurde die Aussichtsplattform allerdings nicht mehr aufgebaut.

Noch in den 1960er Jahren machte man sich ernsthaft darüber Gedanken, wie mit dem Gefahrenpotential umzugehen sei, das von dem Bauwerk für Autofahrer und Passanten ausging. Es folgte eine aufwändige Instandsetzung. Übriggeblieben ist der heute sichtbare Turmstumpf, der ein paar Meter unter der früheren Plattform endet. Sachlichkeit ging vor Schönheit, was den Turm von oben etwas trist wirken lässt. Den früheren Blick über die Goebenstraße nach Malstatt-Burbach kann man nach wie vor von einem Geländer an der Komturstraße gut nachvollziehen. *(fb)*

Der heutige Blick von der Komturstraße über die Goebenstraße hinüber nach Malstatt-Burbach. Unten im Bild ist die Oberkante des verbliebenen Restes der Aussichtsplattform zu erkennen.

▲ *Das erste Modell war Schloss Neuschwanstein. Nach 44 Jahren war es immer noch ein Hingucker.*

28

Adieu Saarbrücker Gulliver-Welt!

Am Rande des Deutsch-Französischen-Gartens (DFG) findet man noch den verwaisten Eingang zur Gulliver-Welt, dem kleinen privaten Vergnügungspark, der 2012 für immer seine Pforten geschlossen hat. Es ist sehr erfreulich, dass es nun einen würdigen Nachfolger in Bexbach gibt und ein Teil der alten Modelle dort in neuem Glanz erstrahlt. Bis dahin war es ein weiter Weg, und über die Jahre geriet die Geschichte hinter dem einstigen Kleinod etwas in Vergessenheit.

Anfang der 1960er Jahre besuchte Dieter Steuer mit Frau und Kind während eines Holland-Urlaubs den Vergnügungspark „Madurodam" in Den Haag. Wenige Jahre zuvor sahen seine Augen wohl eher eine finstere Welt. Es war die Zeit, in der weite Teile der Saarbrücker Innenstadt bei Bombenangriffen dem Erdboden gleich gemacht wurden. Die Bomben trafen auch sein Elternhaus in der Trierer Straße. In einem nahegelegenen Luftschutzbunker konnte er als Kind überleben, musste aber mit ansehen, wie etliche Tote den Weg zu den kläglichen Überresten seines Elternhauses pflasterten. Diese Bilder hatten ihn nie mehr losgelassen. Egal wann Dieter Steuer später mit seiner Familie Ausflüge zu

▲ *Geschlossen. Für immer. Der verwaiste Eingang der Gulliver-Welt im Süden des Deutsch-Französischen-Gartens.*

▲ *Endstation Bahnhof Rosenbach.*

▲ *Dieter Steuer beim Errichten des Modells der „Blauen Moschee".*

▲ *Eine handwerkliche Meisterleistung: Willi Karl, Dieter Steuer und Herbert Selgard montieren das Münchner Olympiastadion.*

▲ *Die frühen Jahre der Gulliver-Welt. Willi Karl in der Freilicht-Werkstatt.*

Miniaturparks machte, versuchte er ein Stück einer unbeschwerten Kindheit nachzuholen, die seinen Kinderaugen verborgen geblieben war. Er teilte diesen ungestillten Hunger nach einer friedlichen Welt mit einer ganzen Generation, die in den Jahren des „Wirtschaftswunders" neue Hoffnung schöpfen durfte und jeden Fingerzeig in diese Richtung dankbar annahm.

So besuchten die Steuers wiederholt auch den Park „Minidomm" in Ratingen-Breitscheid bei Düsseldorf. Dort stand die erste Miniaturbauten-Anlage Europas. Beim Anblick der stattlichen 120 Gebäudemodelle im Maßstab 1:25 muss wohl endgültig der Funke auf ihn übergesprungen sein.

Nach seinem Architekturstudium machte sich Steuer mit einem Architekturbüro in Dudweiler selbstständig. Zu seinen Kunden gehörten auch die Röchling-Werke in Völklingen. Für die baute er maßstabsgetreue Architekturmodelle. Seine Leidenschaft galt dabei dem liebevoll ausgearbeiteten Detail.

Dieser Leidenschaft ging er auch privat nach. Als er sich schließlich Baupläne von Schloss Versailles und Neuschwanstein besorgte und in verkleinertem Maßstab nachzeichnete, war der Startschuss für die Saarbrücker Gulliver-Welt gefallen. In einer Hinterhof-Werkstatt der Bahnhofstraße 25 in Sulzbach baute er erste Modelle bekannter Sehenswürdigkeiten. Ihm war klar, dass es nicht bei diesen wenigen Modellen bleiben würde. Es musste auch eine geeignete Fläche her, um aus dem Wunsch, einen eigenen Vergnügungspark zu schaffen, endlich Realität werden zu lassen.

▲ *Ein trauriger Anblick: die maroden Modelle warteten in einer Homburger Werkhalle auf ihre Restaurierung.*

Die war schon bald gefunden. Bevor der Saarbrücker Zoo 1956 am Eschberg seine Pforten öffnete, gab es bereits im Deutschmühlental einen privaten Tiergarten. Der von Gustav Moog 1932 gegründete Zoo fristete dort ein sehr schwieriges Dasein. Der Zoo hat den Zweiten Weltkrieg schließlich nicht überlebt. Das Gelände im Süden des 1960 eröffneten Deutsch-Französischen-Gartens lag seitdem brach. Die Einrichtung einer Miniatur-Welt auf diesem Grundstück stand städtischen Interessen nicht entgegen. Steuer konnte das Gelände von der Stadt pachten. Hier konnte nun der Sehnsuchtsort für zwei Generationen entstehen.

Der Bau der Modelle begann Fahrt aufzunehmen. Schloss Neuschwanstein war das erste Modell, das im Park aufgestellt wurde. Mit seinem Jugendfreund, dem Gipser und Stuckateur Herbert Selgard fand Dieter Steuer einen ersten Handwerker, der die Faszination mit ihm teilte. Der Schlosser Karl-Heinz Martini aus Püttlingen konnte Stahlkonstruktionen beisteuern, wie er sie etwa für das Modell des

▲ *Trotz Patina immer noch eindrucksvoll: Das Modell der „Blauen Moschee" im Herbst 2012.*

Eiffelturms brauchte. Steuer und Martini gründeten eine Firma. Das kleine Netzwerk ergänzte sich gut. Sie schufen eine zauberhafte Welt im Maßstab 1:33. Der kleine Vergnügungspark konnte schließlich zu Ostern 1968 eröffnet werden. Mit dem Start waren alle recht zufrieden. Damals verzeichnete der benachbarte Deutsch-Französische-Garten noch weit über 300.000 zahlende Besucher pro Jahr. Für die war die Gulliver-Welt eine willkommene neue Attraktion. Ein Jahr später konnten die Betreiber den Schreiner Willi Karl für sich gewinnen und stellten ihn ein. Er war fortan zuständig für den Bau und die Pflege der Modelle. Karl baute etliche weitere Modelle, die die Zahl der Attraktionen im Park auf rund 65 ansteigen ließ. Er gründete auch das Café „Zum gemütlichen Eck" mit einer Minigolf-Anlage, einer schönen Ergänzung der Gulliver-Welt. Die Pläne für das Café zeichnete Dieter Steuer, Karl realisierte den Bau in mühevoller Handarbeit.

Der Betrieb der Anlage brachte viele schöne Erlebnisse mit sich. Während der großen Publikumsmagnete „Licht und Blumen", einem jährlichen großen Lichterfest, illuminierte Familie Steuer den Garten. Zusätzlich zu den Weglaternen stellten sie Campinglampen und Fackeln auf. Eine magische Installation. Zu den täglichen Arbeiten gehörten das abendliche Einpacken empfindlicher Modelle, die Wartung der Eisenbahn, der fahrbaren Schiffe, der Miniatur-Eisenbahn und das Pflegen der Modelle.

Die ganze Geschichte um die kleine Idylle Gulliver-Welt wurde immer wieder von nächtlichem Vandalismus getrübt. Modelle wurden mutwillig zerstört oder entwendet, auch verschiedene Hochwasser des unter der Gulliver-Welt kanalisierten Pulverbachs setzten den Modellen immer wieder zu.

Anfang der 1980er Jahre erkrankte Dieter Steuer schwer und war den Aufgaben nicht mehr gewachsen. Er verkaufte die Anlage 1983 an den Automaten-Betreiber Mohr. Das Ehepaar Mohr führte den Betrieb fortan weiter und bereicherte die Gulliver-Welt um ein kleines Fahrgeschäft mit Riesenrad, einer Mini-Eisenbahn und mit verschiedenen Spiel-Attraktionen, während das kleine „Ge-

Nur wenige Monate vor seiner Schließung hielt der Vergnügungspark noch als Drehort für den Tatort-Krimi „Melinda" her. Der morbide Charme bot dafür die ideale Kulisse. Hier der Schauspieler Devid Striesow als Kriminalhauptkommissar Jens Stellbrink mit Mila Böhning als Melinda vor dem heruntergekommenen Modell des Petersdoms.

▲ *Stück für Stück entsteht ein neuer Petersdom.*

▲ *Maßstabgetreue Planung.*

mütliche Eck“ mit seiner Minigolf-Anlage wohl nicht so ganz in das neue Konzept passen wollte. Die Wege trennten sich.

Heute ist es nichts Besonderes mehr, eine Reise zu den Originalen zu machen. Mit dem Schnellzug ist's von Saarbrücken ein Katzensprung zum Eiffelturm. Mit dem Billigflieger kommt man schnell zur Towerbridge nach London oder zu den Pyramiden nach Kairo. Reisen ist heute auch für den schmalen Geldbeutel erschwinglich. Zudem haben dreidimensionale Architekturmodelle im Internet und lebendige Reiseberichte im Fernsehen der Miniatur-Welt den Rang abgelaufen. Immer weniger Besucher waren bereit, den bescheidenen Eintrittspreis von zuletzt vier Euro für den Anblick der renovierungsbedürftigen Modelle zu berappen. Auch die Anziehungskraft des benachbarten Deutsch-Französischen-Gartens hatte etwas von seiner ursprünglichen Magie verloren. Verschiedene Attraktionen wurden aus Kostengründen aufgegeben oder entfernt. Die Besucherzahlen gingen stark zurück. Dennoch gilt der DFG bis heute als beliebtes Ausflugsziel und wird vermehrt wieder für Veranstaltungen genutzt.

Es ist müßig darüber nachzudenken, woran die Gulliver-Welt letztlich scheiterte. Auf lange Sicht war die Zeit der Gulliver-Welt abgelaufen. Ihren großen Bruder „Madurodam“ in Den Haag gibt es allerdings immer noch. Das dortige Konzept stützt sich auf zeitgemäße Attraktionen und moderne Technik. Auch von den dortigen Touristenzahlen kann Saarbrücken nur träumen. In Saarbrücken ließ sich ein solcher Vergnügungspark in Randlage wohl kaum aus privater Tasche finanzieren. Das Renovieren der zerstörten Modelle war für den Betreiber finanziell nicht zu stemmen, schon gar nicht die Grundsanierung des ganzen Parks. Mit dem Bestand intakter Attraktionen schrumpften die Motivation und letztlich auch die Besucherzahlen. Der Park glänzte in seinen letzten Jahren eher mit morbidem Charme. Der Pachtvertrag wurde von der Stadt nicht mehr verlängert. Die Gulliver-Welt schloss im Oktober 2012 für immer ihre Pforten. Lediglich das kleine Café „Zum Gemütlichen Eck“ mit seiner Minigolf-Anlage ist ein nach wie vor besuchenswertes Ziel im DFG geblieben.

Drei Generationen trauern nun dem Saarbrücker Park nach. So auch die inzwischen erwachsenen Kinder, die bis zuletzt mit staunenden Augen auch ihre eigenen Kinder und Enkel hierher führten. So einer ist wohl auch der Homburger Unternehmer Peter Theiss. Sein Unternehmen erwarb die maroden Miniatur-Modelle und ließ sie in liebevoller Kleinarbeit in einer Homburger Halle von einem kleinen professionellen Restauratorenteam auf Vordermann bringen. Ein Teil der Modelle war bereits derart verrottet, dass sich eine Instandsetzung nicht mehr lohnte. Theiss nahm eine beträchtliche Stange Geld in die Hand und ließ solche Modelle von Grund auf mit modernen Materialien neu konstruieren. Im Sommer des Jahres 2017 eröffnete die „Gulliver-Welt 2.0“ in Bexbach. Adieu Saarbrücker Gulliver-Welt – Au revoir in Bexbach! *(fb)*

29a

29 Verblasste Sommerfrische

Obgleich der Klimawandel uns immer wärmere Temperaturen beschert, war auch vor Jahrzehnten der Sommer mitunter recht heiß. Der klassische Weg zur notwendigen Abkühlung führt heute wie damals Menschen ins oft zitierte „kühle Nass" – nichts anderes als Wasser, welches in Form von natürlichen Gewässern oder künstlichen Becken oft von Menschenmassen aufgesucht wird.

Schon vor dem Zweiten Weltkrieg, aber insbesondere ab den 1950er Jahren wurde viel Geld der öffentlichen und privaten Hand in Schwimmbäder und ähnliche Örtlichkeiten gesteckt. Nach der Wirtschaftswunderzeit machte sich oft Ernüchterung breit, denn der Unterhalt solcher Anlagen kostet Geld, was heute nicht mehr so locker sitzt. Viele Schwimmbäder oder andere Einrichtungen der „Sommerfrische" mussten schließen oder wurden dem geänderten Bedarf angepasst. Manche wurden danach einfach sich selbst überlassen und vergessen. Genau das hingegen ist Ansporn für den Spurensucher, denn mancherorts findet man Überreste dieser Infrastruktur.

▲ Sommerfrische in Klarenthal.

◀ Der Duschpilz im Fischbachtal.

▲▲ Der Beckenrand des alten Klarenthaler Schwimmbades.

▲ Die Befestigung für das Absperrband am Nichtschwimmer-Bereich.

▲ *Kneippen am Rodenhof – schon lange nicht mehr.*

▲ *Das alte Schwimmbad im Grumbachtal.*

▶

Die alte Sichtschutz-Hecke schießt heute in die Höhe.

Ein „Klassiker" ist das alte Fischbachbad, ein Naturfreibad, durch das kühle Wasser des Fischbaches gespeist, etwas nördlich des Stadtteils Rußhütte gelegen. Das Bad wurde 1926 als zweites Freibad Saarbrückens eröffnet und bestand bis 1965. Das zentraler gelegene Schwarzenbergbad trat an seine Stelle. Geradezu spektakulär ist der übriggebliebene Massagepilz inmitten des flachen Kinderbeckens. Wie ein vergilbter und zu groß geratener Speisepilz steht er mitten im Saarkohlenwald im Dickicht unweit der Wanderwege. An manchen Stellen ist sogar noch die blaue Farbe des Beckens zu erkennen. Ein altes Drehkreuz eines Eingangs in der Nähe hat wohl nicht überdauert, war aber vor wenigen Jahren noch zu sehen.

Ein weiteres recht großes Schwimmbad war das privat betriebene Klarenthaler Schwimmbad am Ende der Straße Am Bruch im Tal des Gehlenbaches. Beeindruckend ist die Größe des immer noch komplett vorhandenen und im Wald versunkenen Schwimmbeckens. Der Schwimmerteil steht voll Wasser, der Nichtschwimmerteil verlandet mehr und mehr. Mitten hindurch schlängelt sich der Gehlenbach in diversen Mäandern. Auch Reste von Duschbecken oder Absperrungen sind noch erkennbar. Es ist davon auszugehen, dass das Schwimmbad nach dem Zweiten Weltkrieg nicht mehr in Betrieb war.

Etwas kleiner hingegen war die Badeanstalt im Grumbachtal, sehr abgelegen hinter dem Grumbachhof unterhalb des Scheidterberges. Das Becken sieht heute eher aus wie ein Teich zum Angeln, aber es sind sogar noch Reste der Bodenplatten und Fliesen zu sehen, wo einst die Umkleide oder Dusche gewesen sein dürfte.

Noch kleiner waren damals zahlreiche Wassertretstellen, ein Ergebnis des Kneipp'schen Frischekults. Auch diese waren mit der Zeit überkommen, die Nutzung sank, die Kosten stiegen. Ein solches Fossil sieht man noch am Ende der Heinrich-Koehl-Straße am Rodenhof an der Grenze zwischen Wald und Siedlung.

An all diesen Orten erklangen einst freudige Schreie planschender Kinder, ein seltsamer Kontrast zu den teils gespenstigen Ruinen heute – nur die Erinnerungen manch älterer Bürger können sie nochmal mit ein wenig Leben füllen. *(mp)*

▶

Nur noch das Bad für Enten.

▲ *Das Hubert-Müller-Denkmal lag früher in einem kleinen Park.*

30 Hubert Müller – Denkmal für einen bekannten Unbekannten

Die meisten Autofahrer kennen den Namen spätestens aus dem Verkehrsfunk, wenn der Straßenverkehr in die Hubert-Müller-Straße am Rastpfuhl umgeleitet wird. Hubert Müller ist also jedem ein Begriff, oder?

Der 1837 im Langsur bei Trier geborene Hubert Müller strebte nach Schul- und Militärzeit eine Laufbahn als Ingenieur in der noch jungen *„Saarbrücker Eisenhüttengesellschaft – Société en participation des Forges de Sarrebruck"* an, der späteren Burbacher Hütte. Gegründet wurde die Hütte von einem Konsortium Luxemburger Industrieller mit dem Zweck, die im nahen Lothringen gewonnenen Eisenerze zu verhütten. Das expandierende Unternehmen suchte nach einer Führungspersönlichkeit und entschied sich 1867 für Hubert Müller, der schon über Berufserfahrung verfügte. Für den jungen „Ingénieur directeur des minières" galt es, die verschiedenen Erzbergwerke auf lothringischem und luxemburgischem Boden unter ein gemeinsames Unternehmensdach zu bekommen. Müller stieg in den Verwaltungsrat des Unternehmens ein, wurde dessen Präsident und später auch Präsident der *Vereinigten Hüttenwerke Burbach-Eich-Düdelingen AG*, die 1911 mit mehreren luxemburgischen und lothringischen Montanunternehmen zur ARBED *(Aciéries Réunies de Burbach-Eich-Dudelange)* fusionierten. Hubert Müller starb 1917 in Esch-sur-Alzette.

Zu seinen Ehren und zum Gedächtnis wurde ihm am 21. November 1909, also noch zu Lebzeiten, ein Denkmal in Form eines Brunnens gesetzt. Der Brunnen ist längst versiegt, das große Becken trocken. Warum sollte hier auch noch Wasser fließen, wenn sich niemand daran erfreuen kann? Denn dieser recht große Brunnen ist selbst unter Anwohnern des Viertels kaum bekannt. Heute ist der Blick durch das Wohnhaus Hubert-Müller-Straße Nr. 48 versperrt. Das zwischen Rheinstraße und Molsheimer Straße gelegene Areal war früher ein kleiner Park, der noch bis in die 1970er Jahre an Wiesen und Felder grenzte. Von der Molsheimer Straße kann man den Brunnen vom Fußweg über das private Gelände sehr gut sehen. Der Baumbestand des alten Parks ist erhalten geblieben und lässt ein wenig von der damaligen Atmosphäre erahnen. *(fb)*

▲ *Ein Blick über den Zaun von der Molsheimer Straße: Das Denkmal steht nun zwischen zwei Garagen.*

▲ *Die eiserne Plakette mit dem Portrait Hubert Müllers.*

31a

▲ *Die letzte Figur der Kunstaktion „Saarbrücker Köpfe".*

31 Kindsköpfe

Es gibt Dinge, die plötzlich im öffentlichen Raum auftauchen, sich im (Unter-)Bewusstsein verankern und dann wieder verschwinden. Dies können Schilder, Graffitis, Kunstaktionen und ähnliches sein. In Saarbrücken gab es einmal lebensgroße Kindsköpfe, die an verschiedenen Stellen aufgestellt wurden. Vielleicht erinnern Sie sich noch? Die Köpfe waren auf hellen Steinsäulen angebracht und zogen mit seitlich geneigtem Kopf die Blicke auf sich. Sie waren eine schöne Zierde für das Stadtbild, machten neugierig und gerieten im Laufe der Zeit zusehends ins Blickfeld von Kunstliebhabern. Trotz allem geriet dabei ein wenig in Vergessenheit, was es mit den Köpfen auf sich hatte.

Die Geschichte beginnt mit einem tragischen Ereignis: Am 11. Mai 1944 kamen im Bereich des Nauwieser Viertels um die zweihundert Menschen bei einem Bombenangriff ums Leben. Unter ihnen waren 91 französische Zwangsarbeiter im Alter von 22 bis 30 Jahren, die aus dem Departement Deux-Sèvres stammten. Eine menschliche Katastrophe obendrein, wie sie auch anderenorts im Umgang mit Zwangsarbeitern zu beobachten war: Die jungen Leute waren in der damaligen Cecilienschule in der Schmollerstraße untergebracht. Gegenüber der Schule steht noch heute ein großer Hochbunker, der den nötigen Schutz im Bombenhagel geboten hätte. Den ausländischen Zwangsarbeitern wurde jedoch der Zutritt verweigert. Sie kamen ums Leben. Diesen Toten und der menschenverachtenden unterlassenen Hilfeleistung sollte mit der Kunstaktion „Saarbrücker Köpfe" gedacht werden.

Die ist auf den Künstler Hans-Georg Mischon zurückzuführen. Er schuf im Sommer 1994 gemeinsam mit Schülern der Ganztagsgrundschule am Rastpfuhl und Schülern des Internats des Deutsch-Französischen Gymnasiums Abgüsse eines historischen Kopfes. Ein deutsch-französischer Brückenschlag also, der im damaligen Internat in der Villa Röchling am Kohlweg stattfand.

Ursprünglich war angedacht, stellvertretend für jeden Toten jenes Bombenangriffes in Saarbrücken einen Kopf aufzustellen. Die Begeisterung für die Menge und die Präsenz der Kunstaktion wurde allerdings nicht überall geteilt. Immerhin waren es fünf Standorte, die auffällig genug waren, dass die Aktion im öffentlichen Raum wahrgenommen wurde.

Die Wahl des Motivs war reiner Zufall. Im Fundus des Künstlers befand sich ein Sandstein-Kopf unbekannten Ursprungs, den er von einem befreundeten Antiquitätenhändler ge-

31b

schenkt bekommen hatte. Erst als sich die Kuratoren einer Gartenkunst-Ausstellung auf die Suche nach dem fehlenden Kopf einer Figurengruppe machten, konnten die Köpfe des Künstlers Mischon mit dem fehlenden Kopf in Zusammenhang gebracht werden.

Die Figurengruppe, die die vier Jahreszeiten darstellt, stand ursprünglich im Vorgarten des ehemaligen Kreisständehauses. Die wurde 1911 von einem unbekannten Künstler nach historischem Vorbild angefertigt. Als Vorlage diente ihm damals eine Figurengruppe des Bildhauers Ferdinand Tietz, die heute auf der Festung Marienberg in Würzburg steht. Nach Zwischenstation in einem Depot des damaligen Stadtverbandes ist die Figurengruppe nun wieder im Schlossgarten vereint. Der Kopf der Putte, die den Winter darstellt, ist nun wieder an seinem richtigen Platz.

Die berechtigte Kritik, was denn der kindliche Puttenkopf einer barock anmutenden Darstellung mit dem tragischen Tod französischer Zwangsarbeiter zu tun hat, tut der nachhaltigen künstlerischen Wirkung allerdings keinen Abbruch. Die Wahl des Motives fiel auf. Einen Kopf stellvertretend für einen Toten zu setzen, ist auch gerade deswegen gelungen. Auch wenn die Aktion nun schon längst der Vergangenheit angehört, sind die Kindsköpfe doch noch nach Jahrzehnten in der Erinnerung der Bürger. Vielleicht erinnern Sie sich? Zwei standen am Fuße des Halbergs. Weitere im Nauwieserviertel vor dem „Ubu Roi", an der Villa Röchling, vor Saar-Ferngas und ein letzter steht noch heute am Straßenrand vor der Kirche St. Albert auf dem Rodenhof – und das hoffentlich noch lange! *(fb)*

◀ *Die Figur „Winter" im Saarbrücker Schloßgarten.*

▲ *Colonialwaren in Gersweiler.*

32 Feines Gebäck, Wurst und Kolonialwaren

Es ist heute kaum noch vorstellbar, dass man in städtischem Umfeld in einem Lebensmittelgeschäft entspannt über die Theke bedient wird. Obst, Nüsse, Mehl und Eier wurden vor nicht allzu langer Zeit noch vom Verkäufer in dreieckigen, braunen Papiertüten abgewogen. Auch der Erwerb von Kleinmengen war selbstverständlich. Die Zeiten haben sich gewandelt, große Supermarktketten und Discounter haben dem persönlich beratenden Lebensmittelhändler weitestgehend den Garaus gemacht. Übriggeblieben sind die wenigen beratenden Metzger und Gemüseläden, die zum Glück nicht ohne die frische Konfektionierung der Frischwaren auskommen.

Auch wenn wir heute eine größere Warenvielfalt haben, die weit über den täglichen Bedarf hinausgeht, sehnen wir uns doch manchmal nach der „Tante Emma", die auch noch einen Haushaltstipp und ein paar nette Worte parat hatte. Doch trotz aller Nostalgie sei hier lobenswert erwähnt, dass sich unter den engagierten Händlern der neuerliche Trend bemerkbar macht, sich dieser alten Werte wieder zu besinnen und die Beratung zum Teil des Einkaufes werden zu lassen. Möge dieser Trend Fahrt aufnehmen!

Doch was ist von „Tante Emma" geblieben? Der einstige Lebensmittelhandel hat ein paar Spuren im Stadtbild hinterlassen. Mit wachem Auge kann man diese noch an einigen Stellen in der Stadt finden. Je nachdem, wie alt Sie, werter Leser sind, versuchen Sie sich doch bitte einmal daran zu erinnern, wieviele Lebensmittelgeschäfte es noch vor rund 40 Jahren in Ihrem Saarbrücker Umfeld gab. Fast jede Hauptstraße hatte einen oder mehrere Läden. Auf diesen Seiten zeigen wir ein paar übriggebliebene Schmuckstücke. *(fb)*

▲ *Metzgerei Kunzler in der St.-Josef-Straße.*

▲ *Der alte ASKO-Milchladen in der Kaiserslauterner Straße ist heute eine Tierarztpraxis.*

▲ *Grobe Kieselsteine auf Straßeninseln sind Öffnungen für den versiegelten Boden. Hier können Gase ungehindert aus dem Erdinneren entweichen und somit den Gasdruck des Bodens verringern. Eine der verschiedenen Maßnahmen, die weiteren Explosionen vorbeugen sollen.*

33 Die stille Gefahr aus der Tiefe

Den ersten Weihnachtstag des Jahres 2006 werden die Anwohner der Malstatter Straße nicht mehr vergessen. Sie wurden aus ihren Wohnungen evakuiert, nachdem es in einer benachbarten Dachgeschosswohnung zu einer größeren Explosion gekommen war. Eine Frau wurde dabei schwer verletzt. Die Druckwelle riss im ganzen Haus die Wohnungstüren auf. Der Schrecken steckte allen Anwohnern tief in den Knochen. Was war geschehen?

Tief unter der Stadt, insbesondere im Westen, auch dem Stadtteil Alt-Saarbrücken, liegen unter dem Buntsandstein Teile des so genannten „Saarbrücker Kohlesattels". Dies sind vor ca. 320 Millionen Jahren abgelagerte Gesteinsschichten, die Kohle enthalten. Wenn sich aus pflanzlichen Resten Kohle bildet, ist es ein ganz natürlicher Prozess, dass als Nebenprodukte Erdöl und das geruchslose und brennbare Methangas entstehen. Dadurch, dass Sandstein darüber liegt, sind die Kohleschichten mit dem Gas geschützt. So kommt das Gas normalerweise nur langsam und stark verdünnt an die Erdoberfläche. Beim Abbau der Kohle können diese Gasvorkommen geballt freigesetzt werden und verursachen bei offenem Feuer oder Funkenbildung die gefürchteten Schlagwetterexplosionen. So auch 1962, als in der Grube Luisenthal 299 Bergleute ums Leben kamen. Die Oberflächenversiegelung ganzer Stadtviertel durch Gebäude und Asphaltdecken kann dazu führen, dass sich die Gasvorkommen anstauen und eine undichte Stelle plötzlich dazu nutzen, zu entweichen. Kommt es dort zu Funkenbildung, wird es gefährlich. So war es wohl geschehen, als sich an jenem Weihnachtstag das Gas seinen Weg über die Kanalisation und Abwasserrohre ins Dachgeschoss bahnte. Ein kleiner Funke genügte, die Katastrophe auszulösen.

Das Viertel wurde schon öfter von Gasexplosionen erschüttert. In den vorhergehenden Jahrzehnten kam es immer wieder zu Detonationen in Kellern und Rohren. In Folge dieser Unfälle wurden verschiedene Maßnahmen ergriffen, um das Methangas unter Kontrolle zu bekommen. Die Stadt installierte in den Kellern Gasmeldegeräte. An verschiedenen Stellen des Viertels sorgen nun Absauganlagen dafür, dass sich die Gaskonzentration unter der Erdoberfläche verringert. Auch prüft ein Mitarbeiter des Saarbrücker Zivilschutzes an neuralgischen Punkten regelmäßig das Gasvorkommen. Eine dieser Stellen ist die Kreuzung Malstatter Straße/Gersweiler Straße. Für das unwissende Auge ist hier nichts Besonderes zu erkennen. Doch ungewöhnlich ist die mit großen Kieselsteinen versehene Verkehrsinsel. Durch diese poröse Oberfläche wird dem Gas eine Möglichkeit geboten, der versiegelten Oberfläche zu entweichen.

▲ *Am Rand des Busdepots an der Gersweiler Straße steht eine der ersten Methangas-Absauganlagen.*

Das Unfall-Haus in der Malstatter Straße wurde inzwischen umgebaut, um einen erneuten Zwischenfall auszuschließen. Heute werden Neubauten auf Methangas-gefährdetem Gebiet bereits mit gasbeständigen Dämmungen und Bodenplatten ausgestattet, die ein Anstauen und unkontrolliertes Austreten des brennbaren Gases verhindern sollen.

Im weiteren Verlauf der Gersweiler Straße ist über dem Zaun zum Busdepot ein silberglänzender Apparat zu erkennen. Es handelt sich hierbei um eine ältere Methangas-Absauganlage. Die hat inzwischen Konkurrenz bekommen, seit die Stadtwerke Saarbrücken aus der Not eine Tugend gemacht haben und auf dem Gelände drei Blockheizkraftwerke betreibt. Diese werden mit abgesaugtem Methangas betrieben, womit Strom und Wärme zur Einspeisung ins Fernwärmenetz gewonnen werden *(fb)*

34 Raue Sitten

Wenn wir von Ländern hören, in denen die Todesstrafe eine gängige Praxis ist, oder der Ruf laut wird, diese wieder einzuführen, schaudert es uns hierzulande zu Recht. Keine Straftat rechtfertigt Mord auf staatliche Anordnung und keine der verschiedenen Methoden, jemanden, warum auch immer, um die Ecke zu bringen, ist human oder mit den Werten einer aufgeklärten modernen Gesellschaft vereinbar. Rasch noch mal zur Erinnerung: Das letzte staatlich gefällte Todesurteil auf deutschem Boden wurde 1981 in Leipzig vollstreckt. Das war gerade mal 36 Jahre vor Erscheinen dieses Buches. Raue Sitten, die in Europa zum Glück ein Ende gefunden haben.

Es ist hinlänglich bekannt, dass auch Saarbrücken Schauplatz öffentlicher Hinrichtungen war. Hierzu sei ein Besuch der Gedenkstätte des Gestapo-Lages „Neue Bremm" dringend empfohlen. Gar nicht weit weg von dort kann man auch einen echten Galgenberg finden, auf dem noch bis weit ins 18. Jahrhundert Todesurteile vollstreckt worden sind.

Bezeichnenderweise heißt die Straße „In der Galgendell" und hält so mit ihrem Namen die Erinnerung an diesen traurigen Ort wach. Hinter einer großen Beton-Mauer (einem Relikt des Zweiten Weltkrieges – siehe Spurensuche Band 1, Nr. 10h) gegenüber der Einmündung des Dolomitenweges hat man einen guten Blick auf ein steil ansteigendes Areal. Mit etwas Fantasie weht dort noch ein Hauch von „Golgatha". Denn wo heute Einfamilienhäuser stehen und Gärten angelegt sind, war einst die Saarbrücker Richtstätte. Vom Galgen selbst ist natürlich nichts mehr zu sehen. Auch nicht vom einstigen „Schindanger" oder „Wasen", auf dem die sterblichen Reste der Unglücklichen neben Tierkadavern verscharrt wurden. Dieser Platz muss etwa dort gewesen sein, wo heute die Kleingartenanlage entlang der Galgendell liegt. Übrigens: Der St. Johanner Wasen könnte in unmittelbarer Nähe eines Lebensmittelmarktes im Meerwieser Tal gelegen haben. *(fb)*

◀ *Hinter der Mauer erhebt sich der Hügel, auf dem einst die Köpfe rollten.*

35 Straßenpflaster St. Johanner Markt

Hier sehen Sie ein fotografisches „Wimmelbild“. Haben Sie es entdeckt? Wie viele Reinigungsautos machen den Dreck der Kneipenbesucher des Vorabends weg? An einem frühen Sonntagmorgen im Mai 2017 steigt ganz in der Nähe eine Flugdrohne in den Himmel. Das Frühaufstehen (wohlgemerkt an einem Sonntag!) hat sich gelohnt. Um diese Zeit sind nur wenige Menschen auf dem St. Johanner Markt unterwegs, die Sonnenschirme sind noch eingeklappt und auch sonst ist nicht viel auf dem Straßenpflaster zu sehen. Nur die Autos der Straßenreinigung hinterlassen ihre nassen Spuren.

Das Augenmerk gilt allerdings hier eher dem künstlerisch gestalteten Straßenpflaster, das die Passanten vom Boden aus so gut wie gar nicht wahrnehmen können. Auch an diesem Morgen muss man genau hinschauen. Es wurde vom Bildhauer Prof. Paul Schneider für die Umgestaltung des St. Johanner Marktes entworfen. Im Mai 1979 wurde es einge-

◄ *Der St. Johanner Markt im Mai 2017. Die Straßenreinigung hinterlässt ihre nassen Spuren.*

▼ *Der St. Johanner Markt während der Umgestaltungsphase. Schon fast ein historisches Bild: Der Marktbrunnen wurde am Tag nach der Aufnahme von seinem damaligen Standpunkt (rechts im Bild) auf seinen ursprünglichen Standpunkt (Bildmitte mit stufigem Sockel) gesetzt. Davor liegen die herausgerissenen Straßenbahngleise, im Hintergrund parken noch Autos. Links im Bild ist die Saarbrücker Seemannskneipe „St. Pauli“ zu sehen, daneben das alte „Café Tante Maja“.*

35a

35b

weiht, nachdem der Durchgangsverkehr, die Straßenbahngleise und Bürgersteige beseitigt worden waren. Auch der barocke Marktbrunnen wurde damals wieder an seinen ursprünglichen Platz zurück gesetzt und bekam einen Sockel.

Im Jahr des Erscheinens dieses Buches wird an diesem riesigen Kunstwerk kräftig gewerkelt. Es werden Lücken geschlossen, Höhenunterschiede angeglichen, die Entwässerung optimiert und Barrierefreiheit durch eine ebenere Oberfläche und Orientierungsstreifen hergestellt.

Möglicherweise ist es das erste und letzte Bild, das von diesem Zustand des Kunstwerkes aus dieser einzigartigen Perspektive gemacht wurde. Oben rechts sieht man die kleine Baustelle mit einem Stück des frisch renovierten Pflasters. Das ursprüngliche Gesicht des Pflasters wird aufgefrischt und ist schon fast in Vergessenheit geraten.

Die Renovierung orientiert sich eng an Paul Schneiders Entwurf, der Vergangenes, wie die drei Stadttore mit Basaltlavasteinen, in Erinnerung ruft. Einige Flächen wurden besonders in Szene gesetzt, was wohl in der Geschäftigkeit des Marktlebens kaum zur Kenntnis genommen wird: beispielsweise der Vorplatz der Basilika und die Flächen vor der Stadtgalerie und an „Keltermanns Eck".

Und, haben Sie's auch schon entdeckt? Das Straßenpflaster selbst hat seinen eigenen Gedenkstein und ist vom Künstler signiert. *(fb)*

◄ *Die Türkenstaße. Ein Segment des künstlerisch gestalteten Straßenpflasters ist gut vor der Basilika (oben in der Bildmitte) zu erkennen.*

▲ *Die Signatur des Bildhauers Paul Schneider.*

▲ *Der Gedenkstein für das Straßenpflaster.*

Einfahrt
freihalten!

36 Der Wallerbrunnen

Wer sich im Bereich der Saargemünder Straße gegenüber der Einmündung der Blücherstraße umschaut, sieht dort eine Baulücke und parkende Autos. Diese Stelle wird im offiziellen Stadtplan als „Wallerbrunnenplatz" aufgeführt. Doch wo ist dieser Brunnen? Wurde er Opfer einer Baumaßnahme? Keine Angst, wir haben ihn gefunden!

Laut Karl Lohmeyer, dem bekannten Sagensammler, erfuhr das Brünnchen bereits eine frühe Erwähnung im Jahr 1318, wo es als „Wallenburne" genannt wurde. Ein wahrer „Sagenborn" sei das verwunschene Wallerbrünnchen in St. Arnual. Lohmeyers Sagensammlung „Die Sagen der Saar" weiß darüber einiges zu berichten: *„Denn das frischklare Wasser des Wallerbrünnchens erhielt nicht nur die Gesundheit, sondern auch Jugend und Schönheit und stand so bei der einheimischen Frauenwelt hoch im Kurs, damit eben als ein wirksamer Jungbrunnen!"* In der Walpurgisnacht tanzen dort die Hexen so wild und ungestüm, dass die Wirkung am Folgetage umso stärker war. So wanderten die Mädchen am Morgen des ersten Mai dorthin und es durfte *„auf dem Wege dorthin und beim Wasserschöpfen nichts gesprochen werden, sonst war der Zauber dahin und das köstliche Nass musste auch in dem Augenblicke getrunken werden, wenn eben gerade die Sonne sich goldenrot strahlend erhob und gewissermaßen auch hier die „Heilwog" gerade floss. Und wenn die Saarbrücker Mädchen dann in den tiefen Brunnenspiegel hineinsahen, da stand unten auf dem Brunnengrund das Bild desjenigen, dem sie in demselben Jahre noch angetraut werden sollten."* So sagt's die Sage. Auch der Fürst von Saarbrücken habe jeden Morgen einen Pagen dorthin laufen lassen, um Wasser zu holen, *„da der Fürst von Saarbrücken nur dieses Wasser trinken wollte, wenn er aufstand."* Wir wissen nicht, ob's was genützt hat.

Wenn Sie sich persönlich von der Heilkraft des Brunnens überzeugen möchten, finden Sie ihn am Hang der besagten Baulücke zwischen der Saargemünder Straße 22 und 28. Dort führt eine Treppe hinauf. Der Brunnen ist von der Straße aus nicht zu sehen. Doch es gibt ein paar Dinge, die Sie unbedingt beachten sollten: Der Brunnen befindet sich auf privatem Gelände. Sie müssen also vor dem Betreten des Grundstücks den Hauseigentümer um Erlaubnis bitten. Außerdem sollten Sie den Weg dorthin nur schweigend begehen. Damit die Heilkraft des Wassers seine volle Wirkung entfalten kann, raten wir zudem zur zeitlich korrekten Einnahme des heilversprechenden Wassers. Zu Risiken und Nebenwirkungen fragen Sie bitte Ihren Arzt oder Apotheker. *(fb)*

◀ *In der Baulücke in der Saargemünder Straße versteckt sich der Wallerbrunnen.*

▲ *Ein liegender Ameisenbär ist es natürlich nicht. Eine Tierfigur an der Schlosskirche.*

37 Der Saarbrücker Ameisenbär

Wer neben dem VHS-Zentrum von der Schlossmauer nach unten schaut, kann von dort oben eine kleine Tierfigur ausmachen, die auf dem Sims eines Strebepfeilers im Chorbereich der Schlosskirche liegt. Etwas weiter von unten betrachtet, wirkt die Figur eher wie ein liegender Ameisenbär. Aber soviel Kulturbanausentum wollen wir den Lesern hier nicht zumuten. Dargestellt ist ein liegender Löwe. Durch seine exponierte Lage ist er über die Jahre schon sehr vom Regen verwittert. Das kommt nicht von ungefähr, denn es handelt sich dabei um eine so genannte „Wasserschlagfigur". Als Wasserschlag wird in der Architektur jenes abgeschrägte Gesims bezeichnet, das an der Außenfassade Regenwasser abweisen soll. Und darauf liegt hier nun ein steinerner Löwe. Über Sinn und Zweck solcher Figuren lässt sich nur spekulieren.

Vermutet wird, dass Wasserschlagfiguren als schmückendes Element eingebaut worden waren, weil die architektonische Anforderung an eine wasserabweisende Platte in den Hintergrund gerückt war. Denn eine Figur auf einem Wasserschlag ist für das Abfließen doch eher hinderlich. Aber vielleicht steckt eine ganz andere Spielart der Architektur dahinter. Sollten Wasserschlagfiguren die Kirche symbolisch vor bösen Einflüssen von außen abwehren? In der christlichen Symbolik galt der Löwe mit seinem bedrohlichen Rachen als Bild des Teufels, später auch als ein Bild des auferstandenen Christus, der diesen Dämonen überwunden hat. Auch als „König der Tiere" wird er verstanden, als Zeichen der Macht, der Libido und Willenskraft, aber auch als Symbol des Hochmutes.

Ein zweiter Löwe macht heute eine bessere Figur. Er liegt auf einem Sims an der zur Schlossmauer zugewandten Rückseite der Schlosskirche. Während der Öffnungszeiten des Museums ist er bei einem Rundgang im mit Glas überdachten Außenbereich der Schlosskirche zu sehen. Weil dieser Löwe auf der dem Wetter abgewandten Seite des Bauwerkes liegt, ist er deutlich besser erhalten als sein verwitterter Bruder. Auch ist hier der Löwe als solcher wesentlich besser zu erkennen. Ob die Köpfe unserer beiden Löwen irgendwann einmal abgetrennt worden sind, ist ungewiss. Die identischen Seitenansichten lassen das vermuten.

Offensichtlich liegen die beiden Löwen, sind aber mit angewinkelten Hinterbeinen in Hab-Acht-Stellung und bereit zum Angriff. Vorsicht ist also geboten! *(fb)*

▲ *Beiden Löwen wurde der Kopf abgeschlagen. Oben der Löwe auf der Rückseite der Schlosskirche.*

38a

▲ *Am Haus Mainzer Straße 103 hängt eines der Saarbrücker Prachtexemplare.*

38 Ein Hurra auf... wen oder was auch immer

In einer Zeit, in der sich grölende oder gewaltbereite Menschen mit der deutschen Nationalflagge in der Öffentlichkeit zeigen, wirkt es durchaus befremdlich, die schwarz-rot-goldene Fahne vor dem Haus zu hissen. Auch wenn es reine Heimatliebe ist oder ein Zeichen der Identifikation mit dem Land, in dem wir leben, muss offenbar neu gelernt werden, sich symbolisch dazu zu bekennen. Vielleicht aber auch nicht. Doch schauen wir auf andere Staaten: Der Umgang mit Nationalflaggen ist viel selbstverständlicher. Sie sind einfach mal so und anlässlich öffentlicher Feiern an vielen Häusern gehisst.

Dass die Deutschen sich damit schwertun, hängt bekanntlich mit der eigenen Geschichte zusammen. Es ist noch nicht allzu lange her, dass die Beflaggung an den Häusern auf staatliche Anordnung stattfinden musste. In Zeiten der ehemaligen DDR hatten die dortigen Hausbesitzer eine Fahne bereitzuhalten, die zu bestimmten Anlässen aus dem Haus gehängt werden sollte.

Im Saarland wurde die Fahne in den Jahren des Saarstaates geschwungen. Und davor? Sie ahnen es schon: Die Entscheidung der Saarländer 1935 „Heim ins Reich" zu kommen, dann Besuche des „Führers" und Jubel zu dessen Geburtstagen. Aufgesetzte Feierlaune gab es auch schon vor dem Nationalsozialismus. 1925 bot die „Jahrtausendfeier der Rheinlande" einen willkommenen Anlass, die Stadt mit bunten Nationalfahnen zu schmücken. Im Jahr 1895 waren es die Feierlichkeiten anlässlich des 25. Jahrestages der Schlacht bei Spicheren. Das Bekenntnis zur Flagge gehörte auch im Deutschen Kaiserreich zum Alltag. Auch wenn es sehr wohl eine kritische Auseinandersetzung mit der Politik gab, wurden große und kleine Wohn- und Geschäftshäuser Anfang des 20. Jahrhunderts ganz selbstverständlich mit Fahnenhalterungen ausgestattet. Welche Fahnen darin in den folgenden Jahrzehnten angebracht werden sollten, entschied fortan die politische Situation und letzten Endes die Gesinnung des jeweiligen Hausbesitzers.

In weiten Teilen der Stadt sind an den älteren Häusern noch Fahnenhalterungen zu finden. Die Palette reicht vom simplen Rohrstück (z. B. in der Schmollerstraße), bis hin zur aufwändig gestalteten Schmiedeeisen-Variante. Eine Spurensuche in luftiger Höhe, denn die Fahnenhalter sind in der Regel zwischen dem ersten und zweiten Stockwerk angebracht. Nun sind sie verwaist. Wie wäre es mit neutralen bunten Fahnen? *(fb)*

38b

▲ *In der unteren Bismarckstraße*

38c

38d

▲ *Die schlichten Halterungen sind offenbar auch als Aschenbecher zu gebrauchen, wie hier in der Mainzer Straße.*

Clara - Maria - haus

39 Das Clara-Maria-Haus

An der Ecke Gerberstraße/Kaltenbachstraße steht ein großes Wohnhaus mit einem Ladenlokal und Gastronomie. Über der zweiten Etage ist in großen Lettern „Clara-Maria-Haus" zu lesen. Nach wem ist dieses Haus benannt? Wer war diese Clara-Maria? Es sei hier ein kleines Gedankenspiel erlaubt.

Bis in die 1960er Jahre hinein hatte der „Verband der Heimkehrer, Kriegsgefangenen- und Vermisstenangehörigen, Landesverband Saar e.V" in besagtem Haus Gerberstraße 16 seinen Sitz. Könnte das ein Hinweis auf die Namenspatronin sein? Reden wir etwa von jener Pädagogin Klara Marie Faßbinder, die 1890 in Trier geboren ist, und sich Zeit ihres Lebens für den Frieden und Frauenrechte einsetzte? Sie wirkte auch in Saarbrücken und ging zudem als Mitbegründerin der Westdeutschen Friedensbewegung in die Geschichte ein. Aber sie wohnte nicht in der Gerberstraße, noch hatte sie hier gewirkt.

Frau Faßbinder wurde im Jahr 2005 zudem im Saarbrücker Stadtteil St. Arnual mit der „Klara-Marie-Fassbinder-Straße", ein Denkmal gesetzt, dem ehemaligen Gelände der Artilleriekaserne.

Das Haus hat schon eine längere Geschichte hinter sich. Der Bauantrag wurde bereits 1858 von einem Glasermeister namens Friedrich Meier gestellt. Das Haus, dass die Älteren unter den Lesern noch als letztes Domizil des Restaurant „Hummer-Herbert" kennen, war nicht immer in einem so guten Zustand wie heute. Im Sommer 1909 ist das Gebäude während größerer Umbaumaßnahmen zu weiten Teilen eingestürzt.

Das Erscheinungsbild, wie wir es heute sehen, erhielt das Haus nach 1927. Vermutlich bekam es erst dann den Namen „Clara-Maria-Haus". Die gewählte Typografie spricht dafür. Immer wieder wurden Gebäude der Gemahlin oder den Kindern des Bauherrn gewidmet. Das große Haus war schon in den Händen verschiedener Eigentümer. Hatte einer von denen eine Ehefrau oder Tochter namens „Clara-Maria"? Es wäre durchaus denkbar, aber nur sehr aufwändig nachzuvollziehen, wenn denn überhaupt. *(fb)*

◀ *Hier war einmal der „Hummer-Herbert" untergebracht. Doch wer war Clara-Maria?*

Paehler-Stiftung
Kreis Saarbrücken
40a

40 Das gute Werk eines wichtigen Bergmanns

Gustav Pfähler (1821 – 1894) hat sich dem Bergbau verschrieben. So kam es, dass seine Karriere ihn zwei Mal nach Saarbrücken und in das saarländische Steinkohlenrevier führte: Einmal von 1848 bis 1853 und dann wieder von 1858 bis 1885. Das zweite Mal nahm er seine Schwester Louise mit. Er durfte sich mit vielen Funktionen und Titeln schmücken: Bergmeister, dirigierender Berginspektor, Bergrat, Vorsitzender des Knappschaftsvereins, Bergwerksdirektor und Geheimer Bergrat. Auch politische Ämter in der Gemeinde Sulzbach und im Reichstag Berlin hatte er inne. Der Ruhestand verschlug ihn und seine Schwester 1885 nach Bad Kreuznach. Er starb 1894, seine Schwester 1899. Die Bindung zum Land an der Saar muss jedoch eng gewesen sein, denn die Schwester überlies dem Landkreis Saarbrücken eine Stiftung von 620.000 Goldmark. 1900 übernahm der Kreis die Stiftung und die damit verbundene soziale Verpflichtung: Eine „Wohltätigkeitsanstalt für arme altersschwache, arbeitsunfähige Leute ohne Unterschied der Konfession" mit dem Ziel, für diese Menschen Häuser zu bauen – in jeder Gemeinde des damaligen Kreises Saarbrücken. Die Bürgermeister hatten entsprechend Grundstücke festzulegen. Insgesamt sind so 40 Häuser an elf Standorten von Geislautern über Saarbrücken bis

◄◄ In den Giebeln von Häusern der Pfählerstiftung in Bischmisheim (links) und Alt-Saarbrücken (rechts) sieht der aufmerksame Betrachter schöne, zeitgenössische Inschriften.

40c

Friedrichsthal entstanden. Sie orientieren sich am Typus eines saarländischen Arbeiterhauses des späten 19. und frühen 20. Jahrhunderts, variieren aber in ihrer Ausgestaltung.

Und hier wird es für den Spurensucher interessant: Obwohl die Stiftung 1966 aufgelöst und die Häuser verkauft wurden, sind nicht nur einige der Häuser noch da, sondern Hinweise auf die einstige Stiftung. In der heutigen Großstadt Saarbrücken, dem Betrachtungsbereich dieses Buches, gibt es fünf Pfählersiedlungen, da die heutige Großstadt erst 1909 bzw. 1974 entstanden ist und früher in einzelne Gemeinden untergliedert war. In Alt-Saarbrücken befindet sich die bekannteste und größte der Siedlungen in der Pfählerstraße und der Bruchschneidersdell. Ebenfalls Pfählerstraßen als eindeutigen Hinweis gibt es noch in Dudweiler, wo vier Gebäude zu erkennen sind, und in Gersweiler, wo nur noch ein Haus (Nr. 15) in eher schlechtem Zustand an die Stiftung erinnert, welches gleichzeitig das älteste aus dem Jahre 1903 ist. Umso schöner ist die kleine Pfählersiedlung in der Bischmisheimer Hochstraße. In der St. Johanner Halbergstraße steht ebenfalls noch ein Haus, dessen unscheinbares Nachbarhaus wiederum, eigentlich mehr ein Klotz, durch seine Plakette und den Sandsteinsockel darauf aufmerksam macht, was es einmal war. *(mp)*

An einem unscheinbaren blockförmigen Gebäude in der Halbergstraße schräg gegenüber des Deutsch-Französischen Gymnasiums neben einem erhaltenen Pfählerhaus erscheint diese Plakette sehr überraschend. Es darf davon ausgegangen werden, dass hier ein ehemaliges Pfählerhaus stark verändert wurde und die Inschrift überlebt hat.

▲ *Herrenmoden Morsch gibt's schon lange nicht mehr in der Viktoriastraße.*

41 Kaufen und konsumieren – einst und jetzt

Der öffentliche urbane Raum ist durch zahlreiche Erscheinungen geprägt: Häuser, Straßen, Infrastruktur wie Beleuchtung oder Schilder. Ein Phänomen soll genauso bewusst gesehen werden, wie es unbewusst oft übersehen wird: Unsere Straßen und Plätze sind gespickt mit Werbung, Firmeninschriften und entsprechenden Hinweisen. Obwohl deren Existenzberechtigung ist, uns explizit anzusprechen und zum Konsum aufzufordern, sind sie schon so allgegenwärtig, dass wir sie häufig gar nicht mehr wahrnehmen. Oder wer liest schon jedes Werbeplakat an Bushaltestellen?

Interessant wird es, wenn solche Werbungen und Inschriften die Zeit überdauern und historischen Wert erlangen, zum Beispiel weil die Firma oder das Produkt nicht mehr existiert oder weil die Darstellung in Schrift und Bild aus der Zeit gefallen ist. Den ersten Band der Saarbrücker Spurensuche eröffneten die Autoren mit drei Kapiteln zu diesem Thema. Schnell mussten sie merken, dass dies nicht ausreicht, um alles abzubilden. Daher wird

▲ *An der Eisenbahnbrücke in der unteren Lebacher Straße ist ein zufälliges Mosaik alter Werbungen entstanden – wer denkt schon, dass „Autoverwertung" und „frisches Brot" so nahe beieinanderliegen können?*

▲ *Im Jahr 2007 gab eine Litfaßsäule ein Plakat von 1959 frei.*

▲ *In der Eisenbahnstraße tragen zwei benachbarte Häuser immer noch die*
▼ *Werbung des Renault-Autohauses Kiel und des Teppichhandels Fröhlich, die es beide nicht mehr gibt. Auch auf der Rückseite, in der Mathias-Iven-Straße, sieht man noch eine verblasste Werbung von Fröhlich.*

▲ *Vor 2011, als das Bauhaus noch in der Mainzer Straße war, war der Hinweis an einem Giebel in der Martin-Luther-Straße noch sinnvoll. Gut, dass er inzwischen zugewachsen ist …*

hier ein weiteres Kapitel nachgeschoben. Und vielleicht weiß der eine oder andere Leser auch noch von übersehenen Resten solcher profanen Botschaften?

Auf ein besonderes, nahezu „geologisches" Ereignis sollte an dieser Stelle hingewiesen werden, obgleich es nicht mehr zu sehen ist und schon einige Jahre her: Auf Litfaßsäulen werden über eine gewisse Zeit die Plakate übereinander geklebt. Wenn die Plakatschicht zu dick wird, wird sie abgetragen. Dabei kommen wieder ältere Plakate zum Vorschein. Ein besonderes Relikt kam Mitte 2007 in der Heinrich-Böcking-Straße ans Tageslicht, als jüngere Plakatschichten entfernt wurden und Plakate aus der Nachkriegszeit auftauchten (siehe Bilder auf S. 129). In Fetzen waren Veranstaltungshinweise von 1959 oder „Cigaretten"werbung zu entdecken. Die Saarbrücker Zeitung hat dank eines aufmerksamen Lesers am 8. August 2007 darauf hingewiesen und der Verfasser dieser Zeilen war kurz darauf vor Ort und hat sich selber ein Bild gemacht. Wer weiß wo vielleicht noch historische Schätze in den Tiefen der Litfaßsäulen schlummern? *(mp)*

▲ *Vom Beginn des 20. Jahrhunderts stammen zwei Inschriften in der*
▼ *Saarbrücker Straße in Dudweiler: Den Stuckateur Schmitt dürfte es schon länger nicht mehr geben, ebenso wie die Dudweiler Zeitung, die von 1888 bis 1944 erschien.*

▲ *An einem Stahlträger am Beginn der Eisenbahnbrücke an den Saarterrassen („Achterbrücke") hat sich die verantwortliche Firma verewigt und damit Weltkriege überlebt.*

Dank den Tippgebern

Die Liste der Spuren wäre nicht so umfangreich, gäbe es nicht weitere Spurensucher und Fachleute, die uns mit neuen Hinweisen überraschten. All denen gilt unser herzlicher Dank:

Barbara Breder-Thonet, Andreas Cremer, Nicole Duval, Peter Giehr, Alexander M. Groß, Gerhard Hellwig, Winfried Jakob, Werner Keller, Thomas Lauff, Norbert Neuschwander, Stefan Oemisch, Thomas Paulus, Friedrich Rammel, Eckart Sander, Frank Schley, Ekkehard Schmidt-Fink, Oliver Schmitt, Alexander Stier, Norbert Thäder, Wolfgang Thomas, Manfred Trenz, Klaus Vogt, Stefan Weszkalnys.

Danksagungen

Besonderer Dank gilt den Personen und Institutionen, die bei der Recherche hilfreich zur Seite standen.

Axel Böcker, Dr. Joachim Conrad, Lutz Frey, Rainer Freyer (www.saar-nostalgie.de), Sissi und Willi Karl, Dr. Rainer Knauf, Jörg Lergon, Gerdi Lichter, Josef Mäschle, Hans Mildenberger, Hans-Georg Mischon, Dr. Stephan Oberhauser, Stefan Oemisch, Horst Rohrbacher, Ernst Schattenkirchner, Stadtplanungsamt Saarbrücken, Familie Steuer, Dr. Theis Naturwaren GmbH, Manfred Trenz, Vereinigung der Jäger des Saarlandes, Folker Welker, Stefan Weszkalnys, Patrice Wijnands.

Zu den Autoren

Florian Brunner (*1961 in Saarbrücken) hat den Blick für das Außergewöhnliche und die unscheinbaren Dinge. Der gelernte Fotografenmeister arbeitet in der Verlags- und Werbebranche. Als Mitinhaber des Geistkirch Verlages liegen ihm besonders die regionalen Themen am Herzen. Er versucht immer wieder, die unbekannten Seiten seiner Heimatstadt zu erkunden. In der Nachlese zu seinen beiden Büchern „Unterirdisches Saarbrücken" und „Saarbrücken – Entdeckungen von oben" bekam er aus der Leserschaft wertvolle Hinweise, die die Idee zu diesem Buchprojekt reifen ließen.

Die Spurensuche geht also weiter. Wenn Sie Hinweise haben, Kontaktieren Sie hierzu den Geistkirch Verlag unter:
E-Mail brunner@geistkirch.de

Markus Philipp (*1974 in Saarbrücken) hat seine Passion zum Nebenberuf gemacht. Der diplomierte Geograph ist seit 1999 als Exkursionsleiter und Gästeführer tätig. Seine Schwerpunkte sind dabei Stadt- und Stadtteilführungen in Saarbrücken sowie Tagesfahrten nach Lothringen, die er freiberuflich anbietet. Er war bis 2009 hauptberuflich für den Verein Geographie ohne Grenzen e.V. tätig, danach bis 2016 ehrenamtlich als stellvertretender Vorsitzender engagiert. Seit einem Jahr bietet er die Spurensuchen auch als Führungen an.

Sein Steckenpferd ist die Dokumentation des öffentlichen Nahverkehrs in Saarbrücken in seinem einzigartigen Archiv. Ebenso verfügt er über ein umfangreiches Regionalarchiv, das bei der Arbeit für dieses Buch hilfreich zur Seite stand. Markus Philipp ist hauptberuflich als Verkehrsplaner in Saarbrücken tätig.

▲ *Spurensucher Brunner wurde fündig: Ein Florians-Brot im Angebot!*

▲ *Richtig verbunden! Philipp testet eine der letzten Saarbrücker Telefonzellen.*

Bildquellen

Florian Brunner: 8 o.u., 9 li., 10 o.u., 12, 13 u., 14, 15, 19 o., 20, 21, 22, 24, 25 li., 26, 28, 30 o.u., 31 re., 34 o.u., 35, 36, 37, 37, 39, 42, 43, 44, 45, 50, 51 li, 52, 53 o., 54, 55, 56, 57, 58, 59, 60, 61 li, 62, 64, 66, 67, 70, 75, 77 o., 78, 79, 80, 82, 84, 86, 88, 89, 91, 92, 94, 96, 97 re., 98, 99, 100, 101, 102, 104, 106, 107, 108, 109, 110, 115 u., 116, 118, 119, 120, 121, 122, 124, 125, 126, 127, 128, 130 o.li., 131.
Archiv Florian Brunner: 51 re., 81 li., 130 re.
Markus Philipp: 13 re., 16, 17, 18, 19 u., 32, 33, 40, 46, 48, 49, 53 u., 115 o., 129 li., 130 u.li.
Archiv Markus Philipp: 29, 41.
Kohlen-Union Schönbucher GmbH: 9 re.
Junkers-Luftbild, Stadtarchiv Saarbrücken: 23 li, 68 o.
Landeshauptstadt Saarbrücken: 23 re.
Wikipedia gemeinfrei: 25 o.
Archiv Werner Keller: 27 li.
Anonym: 27 re.
Baugeschichtliches Archiv, Denkmalpflege Landeshauptstadt Saarbrücken: 31 li.
Landesbildstelle Saarland: 95.
Luftbilddatenbank Dr. Carls GmbH: 61 re.
Archiv Gerhard Becker: 63.
LVGL: 68 u.
Landesarchiv Saarbrücken, NL Walter Barbian: 69 o.
Landesarchiv Saarbrücken, NL Ferdi Hartung: 90.
Paul Hartmann, Landesarchiv Saarbrücken, NL Paul Hartmann, © Gabi Hartmann: 69 u.
Archiv Wasserstraßen- und Schifffahrtsamt Saarbrücken: 71, 72, 73.
Peter Giehr: 75, 77 u.
Dietrich Brunner: 76, 113.
Oliver Frühschütz: 81 re.
Archiv Gerhard Hellwig: 85.
Saarländischer Rundfunk/Manuela Meyer: 93.
Archiv Rainer Freyer: 97 li.
Alexander M. Groß: 112, 114.
Frank Schley: 129 re.

ALTENKESSEL
BURBACH
MALSTATT
GERSWEILER
ALT-
SAAR-
BRÜCKEN
Schoeneck
STIRING-WENDEL
ST. A
SAAR
6
29a
29c
13e
21b
31a
3a
30
9d
41b
32b
2b
32a
18b
41e
7a
10b
2a
33b
33a
27
24c
40b
14b
31b
22
29b
28
15
34
13c
7b
13b
7c
14a